教育のプロがすすめる
イノベーション

学校の学びが変わる

ジョージ・クーロス
白鳥信義・吉田新一郎 訳

新評論

まえがき

あなたが学ぶことをやめれば、それは死に近づいているということです。

（アルベルト・アインシュタイン・Albert Einstein, 1879～1955）

私が六歳のころ、父が「ＶＣＲ」[1]と呼ばれる、素晴らしくて、新しいディバイスを家に持ち込みました。それは、二つの異なる部分で構成されていました。一つはテープを再生するためのもので（幸いにも、父はベータではなくＶＨＳを購入しました）、もう一つはテレビ番組を録画するためのタイマーです。のちに、父はカメラを追加しています。

このモバイル技術は、延長コードが届く範囲で移動することが可能で、私たち四人の兄弟姉妹を父はビデオで撮りました。当時はホーム・ムービーに出演することが楽しく、父が残してくれた思い出を今でも大切にしています。

父がこの新しいディバイスを購入して学びたいと思っていなかったら、私たちはどれほどの機

(1) ビデオカセットレコーダーの略で、一九六〇年代に番組を録画できるテレビの付属機器として登場しました。

会を失ってしまったか想像もつきません。また、それがなかったら、少年時代のことをほとんど忘れてしまっていたことでしょう。

父は二〇一三年三月に亡くなりました。死ぬまで、絶えず新しいことを試しては学んでいました。たとえば、私たちと日常的にコミュニケーションを取ることができると分かったので、（目が弱くなって）ほとんど字が読めなくなっていてもメールをチェックしたり、フェイスブックを通じて子どもや孫とつながっていました。

このようなことを通して父は、「あなたが学ぶことをやめれば、それは死に近づいているということです」というアインシュタインの格言を最後まで実践していたのです。

振り返って、父が人生をはじめるとき、ほとんど何も持っていない状況からどれだけのことを達成したのかと考えると注目に値します。父の生い立ちをたどると、ギリシャ内戦時代（一九四六年～一九四九年）に成長し、小学校二年生で学校から離れ、その後戦争に参加しています。二〇代になると、新たなチャンスをカナダに求めて、ギリシャを離れました。

当時の父のポケットには二〇ドルもなく、それまでの故郷とはまったく違う気候のカナダへ向けて、大西洋を渡る船に乗りました。父はギリシャ語で話すことしかできなかったので、カナダの公用語である英語やフランス語での読み書きについては、入国当時、話すことも含めてできませんでした。

正式な教育、言語の壁、そして移民として直面した無数の障害にもかかわらず、父は皿洗いからサラダシェフ、シェフを経験したあと、最終的には母とともに約三〇年間レストランを経営するに至りました。父は、家族と自分のために劇的な変化を成し遂げてきたのです。

両親の話は、何も特別な話というわけではありません。両親は現在のような環境を獲得するために、そして家庭やレストランをよりよい場所にするために努力してきただけです。しかし、ともすると、そのような経過をつい忘れてしまうことがあるものです。それゆえ、教育者としての私たちの仕事においても、生徒に新しくてよりよい学びを常に提供することが大切となります。

変化は、何か素晴らしいことをする機会であり、私の父はそれを理解していました。しかし、教育機関では、新しい変化を受け入れることをしばしば躊躇します。私たちは、マイクロソフトのワードからグーグルのドキュメントに切り替えることに不満を覚えました。それは、不便になるからではなく変化だからです。

そして、最新の機器をもっている学校でさえ、教師や管理職はそれらを使って以前と同じことをしています。そのため、ノートパソコン、タブレット、インタラクティブ・ホワイトボードなど、教育の質を変える可能性のあるツールは、しばしば一〇〇〇ドルもするただのペンになってしまっているのです。

私が所属していた教育委員会のジョン・カーヴァー教育長は、歴史上、かつてないほど世界は

「印刷機」の時代だと話していました。ICT(2)は、以前にはなかった機会を私たちに提供してくれています。ジョンはさらに、教育における学校の役割とその運営方法を再考する必要がある、とも述べていました。

もし、彼が言うように、私たちが教える方法や、教師と生徒がどのように学ぶのかという重要なことについてじっくり考えないとしたら、目の前にある教育環境を活かすことはできないでしょう。結局、学校がディジタル形式になったというだけで、私たちが通っていたときと何ら変わらないということです。

今、二〇世紀のときと同じ学習をしている「二一世紀」の学校がたくさんあります。外部者の視点から見ると、それらは一見すると素晴らしいものに見えます。一人一台のディジタル機器は生徒を魅了し、近隣にある学校の管理職や教師に感動を与えます。しかし、これらのICTを備えた学校のなかには、伝統的な教育のされ方は、自分には合わない、と決め込んでいる活気のない生徒も多くいます。

変化は素晴らしいことをする機会です。

次のことを考えてみましょう。

教師が提供する教材よりも優れた情報に、生徒はスマホなどで簡単にアクセスできる時代です。従来のように、学校が学習内容や情報を提供するだけの場であり続けたら、このような現実が学校を維持するために脅威となるでしょう。

たとえば、生徒が宇宙について学びたいと思ったときは、教師に尋ねることなくＮＡＳＡのホームページを開き、宇宙飛行士や科学者のブログを読むことでしょう。さらに彼らは、ハドフィールド司令官(3)のような宇宙飛行士とツイッターを介して直接つながることもできるのです。「教育者への手紙（An Open Letter to Educators）」という素晴らしいビデオでは、大学を中退したダン・ブラウン（Dan Brown）が、教育者として使うツールだけでなく、教え方のアプローチも変えなければならない理由について、次のように刺激的な考えを発信しています。

学校教育制度において、何かが機能していないことは明らかであり、ほとんどの人は「制度的な学校教育を変える必要がある」と言います。しかし、世界中の教育者に対して、今日私は、ここではっきりとその考えに反対しようと思います。あなた方は何も変える必要などありません。単に世界が変化していることを理解すればいいだけです。あなた方がそれに合わせて変化しなければ、世界はあなた方がもう必要ではないと判断することでしょう。［参考文献1］

(2)　Information and Communication Technology（情報通信技術）の略です。
(3)　(Chris Hadfield) カナダ人初の宇宙飛行士で、国際宇宙ステーションの司令官を務めました。

あなたはダンの言葉に同意しないかもしれませんが、[4]別にそれは問題になりません。私があなたに理解してほしいことは、教育におけるイノベーションの必要性がはっきりしているということです。イノベーションがなければ、教育施設を含む組織は存在する必要がなくなります。教育のリーダーたちが生徒のニーズを把握して、それらを満たすことを拒否すれば、変化する顧客のニーズに追いつけない企業と同じく学校も失敗することになるでしょう。

インスピレーション（ひらめき）は、今日における生徒の主なニーズの一つです。生徒たちは疑問と質問をいっぱい抱えて学校に来ます。私たちはしばしば、「質問をするように」と生徒たちには言いながら、カリキュラム／教科書をこなすことだけに励んでいます。私たちの責任は、記憶することについて教えたり、作業の手順だけを教えたりすることではありません。生徒たちが自ら学ぶようになるための好奇心を呼び起こすことなのです。

　不思議に思うようにするために。
　探究心を高めるために。
　リーダーになるために。

もし、生徒たちが入学したときよりも卒業するときのほうが好奇心を失っていたとすれば、私たちは失敗したということになります。

今日、多くの学校で行われている教育の手段や方法は、必ずしも二一世紀の市場ニーズを満たすものとはなっていません。卒業時において、彼らの多くが「学校ごっこ」という一つのことに対して優れているだけなのです。

彼らはルーブリックをマスターし、テストで満点を取る方法も知っており、特定の状況内での作業手順を理解しています。しかし、世界は、一般的なルーブリックや答えのあるテストで構成されていません！

成功するためには、自分自身で考え、常に変化する状況に適応する方法を知る必要があります。私たちは生徒に「自分で考えるように」とよく言っているわけですが、私たちが実際に教えていることと言えば「従順である」ことだけなのです。

一七歳のケイト・シモンズが、二〇一五年に「TED《テッド》トーク」[5]でこの点を指摘しました。

（4）「革新」「一新」という意味ですが、ラテン語の「リニューアルする（新しくすること。一新すること。再生）」という意味をもつ言葉に由来しています。本書で著者が定義している内容については、一二～一三ページを参照ください。

（5）「広める価値のあるアイディア」を世界規模で発信することを目的にした団体のTED（Technology Entertainment Design）が開催するイベントの講演をネット配信するプロジェクトのこと。

> 私たちの教育システムを見てください。生徒として、私たちは何を学ぶか、またそれを学ぶ方法については何も言うことはできませんが、それらをすべて吸収し、すべて取り入れ、いつか世界を動かすことができるように期待されています。私たちは、手を挙げてトイレに行く許可を取ることを求められながら、三か月後には大学に通うか、フルタイムの仕事をし、自分を支え、自分自身で生活する準備ができていることを期待されています。これは、論理的に矛盾していると言えます。［参考文献2］

従順であることはイノベーションを促進しません。実際、服従を要求するということは、まったく正反対のものをもたらします。

新たな課題が常に発生する世界では、生徒が直面していることに対してクリティカル[6]に考えられるように教える必要があります。また彼らは、世界中の人々と協力して、問題を解決する方法について学ぶ必要があります。さらに重要なことは、適切な質問（古いシステムに挑戦し、成長を促す質問）の仕方を学ぶこととなります[7]。

私は、今日の学校が「ダメだ」と言っているわけではありません。多くの学校や教育委員会は変化にうまく対応できていないだけで、それを受け入れ、なんとか前進しようとみんな努力しているのです。私が言いたいことは、生徒のために学校を変える必要があるということです。また、そうすることによって、生徒の現在や未来のためによりよい機会が与えられる可能性が大きくなるということです。

そして、もし「イノベーティブな生徒」[8]を望むなら、まずは「イノベーティブな教師」が必要だということです。生徒が学校で直面している画一化された教育による支配、これについては教師たちが直面しているものと同じなのです。そればかりでなく、多くの教師は、今学校が生徒に提供できているものよりもはるかに多くのことを学ぶ必要があることを知っていますので、仕事にうんざりしているという状況が続いています。

教師たちはイノベーティブでありたいと思っているにもかかわらず、世界中の人たちとつながることも、自らの学校の同僚と真剣に話すこともできず、教えることとは無関係な職員会議に時間を浪費している状況にあります。彼らがイノベーティブであるためには時間が必要なのです。

---

(6)　クリティカルは「批判的」と訳されがちですが、ここでは、それを含む割合は三分の一から四分の一程度です。より多くの意味を締めるのは、「大切なものを選ぶ力」と「大切でないものを排除する力」です。

(7)　このような質問づくりができるようになるための本があります。『たった一つを変えるだけ』が最適ですので参考にしてください。

(8)　一般的には「革新的な」と訳されていますが、分かりやすくいうと、「創造性に富み、枠にとらわれずに行動ができること」という意味です。

学校や教育委員会のリーダーが教師に対して、「自分の時間を使って何でもするように」と言うことは簡単ですが、そのときに実際に伝わっていることは、「自由な時間に行われることは重要でない」ということです。今日の教員研修の多くは、従順さと教科書をカバーすることに焦点が当てられており、それは教師の創造性やイノベーションの育成にはまったくと言っていいほどつながっていません。それどころか、現在の教育制度のまずさは、触発された教師に、枠にとらわれず、生徒に適切な機会を提供するためにルールを破るように強制しているところにあります。

このような、「一般集団から外れて並外れた成功を収めた者」[9]がひと握りのイノベーションをつくり出しているのです。また、イノベーションをつくり出した人たちの結果に、私たちは驚いてしまいます。つまり、彼らが教えた生徒は、テストでよい点数をとったことではなく、自らの人生に影響を与えてくれた教師を「素晴らしい教師」として覚えているのです。

これらひと握りのイノベーションは、これまでにも学校に存在していました。それを、例外ではなく当たり前にする必要があります。そのためには、教師が学び、成長し続けるための時間をつくらなければなりません。共有するビジョンをつくり出し、期待値を揃え、学習者のニーズを満たすためにすべての教師が学習し、創造し、革新するためのリソースを確保するべく道筋を用意する必要があります。

革新的な組織を構築することで、私たち全員は協力しあうことができます。これは、「トップダウン」でもなく「ボトムアップ・アプローチ」でもない、「全員が総力で取り組むアプローチ」となります。これは、実現可能なことです！

イギリスの通信会社「O_2」社が流しているコマーシャルのキャッチフレーズ「Be More Dog（犬のように振る舞う）」は、意思決定がどのようにして極端な変化につながるかについて示しています。オンエアーされている広告では、犬のように振る舞うことを決断するまでの人生にうんざりした猫の変容が示されています〔参考文献3〕。あなたが猫好きであっても、いや、猫好きであるならぜひこの動画を見てください。

このコマーシャルは、リスクを避けることではなく、変化を受け入れることに集中し、冒険的なマインドセット（思考様式ないし考え方の枠組み）によって人生がはるかに楽しい経験になるということを表しています。なぜ、私たちの学校では、「犬のように振る舞う」という考え方を採用しないのでしょうか？

（9）原書ではマルコム・グラッドウェルの本のタイトルにちなんで「Outlier」を使っていますが、その翻訳の「天才」はここでは使えないので、このようにしました。邦訳は、『天才！：成功する人々の法則』勝間和代訳、講談社、二〇一四年。

もし、子どもたちが入学時よりも卒業時に好奇心を失っていたら、それは私たちの教育方法が失敗であったことになります私がもっとも共感したビデオの言葉は、「今日の世界を見て。素晴らしい！」です。考えてみれば、私たちは世界の情報をいつでも取り出すことができ、数多くの異なる媒体を通して世界中の人々とつながり、創造する能力をもっています。

一方、ＩＣＴについて話すとき、ほとんどの学校は何を重視しているのでしょうか？「ネットいじめ」や「安全性」でしょう。もちろん、それらも議論すべき重要なことですが、私たちには、それらを超えて教育を進めていく必要があるのです。

やってはいけないことについて語ることにあまりにも多くの時間を費やしすぎたため、私たちは教育活動においてＩＣＴに焦点を当てることを忘れてしまいました。たとえば、鉛筆で書くことについて教えるたびに、「それで人を刺してはいけません」とあなたが指示している場面を想像してみてください。そんなことをしていて、生徒に書く気を起こせることができるでしょうか？　このような指導では創造性をかき立てることはできないでしょう。それどころか、確実に「恐れ」を与えることになります。

本書は、意味のある変化を生み出し、学校でよりよい機会を提供するために、学びをどのようにして最大限活用できるかということに焦点を当てて書かれたものです。目標としていることは、変化のための変化ではなく、それによって教師と生徒が飛躍的に成長できるようにエンパワーする[10]ことです。以下で、本書の概略を示します。

第1部では、イノベーションがどのようなものなのか（あるいは、そうではないのか）、そして、それが学校にとって何を意味するのかについて考察します。さらに、「イノベーターのマインドセット」はどのようにすれば育むことができるのか、その特性、そして実践において、それがどのように見えるのかについても検討していきます。

第2部では、学校におけるイノベーションの文化的な基礎についてお話しします。まず、強固な関係を築くことの重要性に焦点を当てます。スティーブン・コヴィー（Stephen Covey）が述べているように、「信頼ほど即効性に優れるものはない」からです［参考文献4］。[11]

学校に関係する人々がチャレンジするようになるためには、私たちがそばにいて、サポートすることを知ってもらう必要があります。また、私たちがモデルを示して、仕事にチャレンジする様子を見てもらう必要もあります。教室とリーダーシップという、両方からのイノベーションが必要なのです。すなわち、リーダーとして、私たちが実現したいと思うイノベーションのモデル

(10)　エンパワーするないしエンパワーメントは、「力を与える」や「権限を委譲する」と訳されることが多いのですが、「人間のもつ本来の能力を最大限にまで引き出す」ことなので、本書ではカタカナ表記とします。
(11)　主には、教育リーダー（必ずしも、立場的な管理職ではなく、教育をリードできる人なら誰でも）と教職員ですが、このあとに出てくるように、著者は「学校コミュニティー」全体まで視野を広げているので、教育委員会の職員、保護者、地域の人なども含めています

を示さなければなりません。

第2部での重要な点は、これまでの従順な文化から離れて、夢中になって取り組めることを創造し、最終的には学校に関係する人々をエンパワーすることです。人々を本当にエンパワーするためには、話すことより聞くことのほうが大切であることをあなたは学ぶでしょう。管理者ではなく、学習者（教師と生徒）に焦点が当たるように転換できると、あなたはコミュニティーに共通のビジョンを生み出すことになります。

「私の力」でなく「私たちの力」を活用できるようになったとき、科学ジャーナリストでありコラムニストのスティーブン・ジョンソン（Steven Johnson）が「隣接する可能性（adjacent possible）」と呼んでいる潜在能力を私たちが共有することになります。それによって新しい願望が生み出され、学習者として、組織のためにどうあるべきかについての強力なビジョンを示すことになります。スティーブンが説明しているように、「隣接する可能性」は終わりではなく、まさにはじまりなのです。

隣接する可能性についての奇妙で素敵な真実は、それらを探索するにつれて境界が広がっていきます。そして、それぞれの新しい組み合わせが、ほかの新しい組み合わせの可能性を開くのです。

あなたがドアを開けるたびに魔法のように拡大する家を考えてみてください。四つのドアがある部屋からはじまり、それぞれがまだ訪れていない新しい部屋につながっているのです。それらのドアの一つを開き、その部屋を散歩すると、三つの新しいドアが現れます。それぞれのドアは、出発地点からは行くことができなかった、まったく新しい部屋につながっています。新しい扉を次々に開くことによって、最後には宮殿が完成することになります。［参考文献5］

この本の意図は、教育のビジョンがどうあるべきかを読者に教えることではありません。あなたが入手したければすぐに入手できるたくさんの効果的な教え方や学び方を活用しつつ、コミュニティー独自のニーズを理解することによって、そのコミュニティーと協力することの大切さに気付いてもらうことが私の願いです。つまり、あなたの学校や組織内でイノベーションを起こすことです。あなたやあなたのコミュニティー以外に、それをできる人はいません。

第3部は「行動」について述べていきます。私が講演やワークショップでもっとも頻繁に尋ねられる質問は、「ほかの人たちを、どのようにしたら変えることができるのですか?」というものです。現実には、誰も変えることはできません。変えられるのは自分自身だけです。よって、あなたができることは、変化が起こりそうな条件をつくり出すこととなります。リーダーとしての立場を十分に活かして、組織内に存在する職員の才能を発揮できるようにすれば、そのような条件をつくり出すことができます。

また第3部では、意思決定が学びによって導かれるように、ＩＣＴの力を活用することにも焦点を当てます。さらに、生徒も含めて、誰もが教え手と学び手になる文化をいかに形成できるかについても考えます。

第4部では、あなたの現在の立場、今後目指すべき目標、そして目標へ進むための方法を明らかにします。しかし、あなたは決して「たどり着くことはないでしょう」。なぜなら、世界でもっとも革新的な組織のリーダーは、成長と学びには終わりがないことを知っているからです。学校は、ほかのいかなる組織よりも継続的な学びに対するこだわりを受け入れる必要があります[12]。

本書を読んで変化を実行する際には、お互いに学び合うことが最終的に生徒の成長につながるということを理解していただきたいのです。誰が一番なのかと気にすることはやめて、すべての人が成功することに関心を向けることで、地域レベルではもちろん、地球レベルでも影響を与えることができると私は信じています。だから、ためらわないでください。そして、あなたが学んでいることと、やっていることを紹介してください。

成功という点で、あるいはテストでより高い得点を取らせるための答えを探しているのであれば、あなたは本書を読まないほうがいいでしょう。私たちは学校という制度のなかで仕事をしていることをわきまえていますが、私が焦点を当てるものはテストの点数ではありません。私は、生徒たちが深く考えられる人やつくり手、そしてイノベーターになると同時にテストでもいい点を取ることは可能だと思っていますが、深く考えられる人を育てるために必要となる大切な要素を、テストのためにあきらめたくはありません。二一世紀の教育はテストではありません。それよりももっと大きなものなのです。

私がお話しする焦点は、三年生の子どもが理科のテストで容易にいい点を取るかどうかではありません。私の関心は、学校での経験によって、子どもたちがよりよい人になるように教育することです。

あなたが他人を助け、生徒や教師のための望ましい学校をつくることに影響を与えたければ、本書があなたをその方向に導いてくれることでしょう。組織レベルでの変化をつくり出すためには、管理職や教師はもちろんのこと、生徒を含めたコミュニティー全体がその責任を担わなけ

(12)　まさにこれをテーマにした日本語で読めるブログとして、訳者二人がかかわっている「ＰＬＣ便り」がありますので覗いてみてください。ＰＬＣとは、「プロとして学び続ける教師集団」のことです。

> 私たちが前進するには、イノベーションは少数者のためのものではないことを全員が受け入れる必要があります

ればなりません。イノベーションは少数者のためのものではありません。私たちが前進するためには、コミュニティーのメンバー全員が受け入れなければならないのです。

父の人生だけでなく、母が私にインスピレーションを与え続けてくれたことで、私は二つの重要な教訓を得ました。最初の一つは、行動を起こすとき、「人間関係がすべての要となる」ということです。

両親は、人々が行きたいと思ったり、価値があると感じてくれたりするレストランをつくりました。そうでなければ、うまくいかなかったでしょう。同じく私たちは、『海賊のように教える（Teach Like a PIRATE）』（未邦訳）の著者デイヴ・バージェス（Dave Burgess）が語っているように、生徒たちが「（教室に）入りたくてドアを蹴破ろうとする」ような学びの経験をつくり出す必要があります［参考文献6］。私の願いは、これと同じような熱意が、あなたとあなたの周りにいる教職員が感じられるようになることです。

両親が私に教えてくれた二番目の教訓は、逆境に直面しても常に学習者であるということでした。独創性、創造性、クリティカルな思考、協働性、知識の渇望などの価値観によって、生徒と教師の規範となる学校文化を創造することができれば、他国に追いつくよりも、イノベーションを生み出す教育に対して社会全体が期待するはずです。

変化は難しく、時には実現不可能と思うかもしれません。しかし、変化は、驚くようなことができる機会であることを忘れないでください。私たちがこのような考え方を受け入れ、生徒たちが必要とする（必要とすべき）イノベーターになれば、私たちの前にある機会は無限のものとなります。

さあ、はじめましょう！　情報をさらに入手されたい方や情報を提供してくださる方は、GeorgeCouros.ca からアクセスしてください（訳者補記・日本語のほうが好ましいという方は、projectbetterschool.blogspot.com からアクセスしてください）。

つながって、学んで、イノベーションをして、紹介してください。

もくじ

第1部　教育におけるイノベーション　3

第1章　何がイノベーションで、何はそうでないのか

第2部 基礎を築く

第6章　「夢中に取り組む」VS「エンパワーする」　121

教育のプロがすすめるイノベーション——学校の学びが変わる

THE INNOVATOR'S MINDSET
George Couros

Japanese translation rights arranged with
Dave Burgess Consulting, Inc., California
through Tuttle-Mori Agency, Inc., Tokyo.

第1部

教育におけるイノベーション

本書の最初の部分では、イノベーションの定義に焦点を当て、何がイノベーションで、何がそうではないのかを見ていくことにします。イノベーションの理解と、それが今日の教育においてなぜ重要なのかをふまえて、イノベーターのマインドセット(*)の特徴に焦点を当てることにします。

ここでは多くの事例を紹介しますが、それらは学校や教育者が何をすべきかを指示するものではなく、思考を刺激し、個人として、そしてあなたの職場にとって革新的なアプローチを創造するように促すものです。

生徒と教師、両方の学習者にとって、新しくて、よりよいものを創造する必要性があります。そのためには、ここで使われる「イノベーション」という言葉に、教育界での流行語以上の意味をもたせなければなりません。つまり、イノベーションとは何であるか、どのように定義するのか、それが実際にどのように理解されているのか、ということについて知る必要があります。

(*)12ページ、30～31ページ、53ページの図および74～76ページを参照してください。

第1章　何がイノベーションで、何はそうでないのか

変化は、時期があまりにも早すぎるからといって失敗することはほとんどありません。多くの場合、遅すぎるから失敗するのです。

（セス・ゴーディン）(1)［参考文献1］

レンタルビデオ時代、そのチェーン店である「ブロックバスター（Blockbuster LLC）」のお店を回る歴史的なツアーに参加すれば、その時代に生活していた人々の苦難を垣間見ることができます。暴露的なビデオ「ズィ・オニオン」(2)のレポーターは、この歴史ドキュメンタリーに出演した俳優たちにインタビューをしています。その内容は、映画のビデオを借りて、それを返却するために、人々はかなりの距離（時には往復一〇キロも）を移動しなければならなかった、というものです。しかも、自分が観たいビデオが、果たして店にあるかどうかも分からずにいたということです［参考文献2］。

もちろん、この「ズィ・オニオン」のビデオは、インターネットが存在しない時代に経営をしていた会社を風刺的に描いたものです。数年前までは、ブロックバスターのようなビデオレンタル店を利用することが、人々にとっては自宅で快適に映画を観賞するための最良の方法だったのです。

世界中のいくつかの地域では、このような店舗がまだ存在しています。しかし、現在では、より安価で便利な（レンタルビデオ店に行く必要のない）オプションによって、近くにあったほとんどのレンタルビデオ店が廃業に追い込まれました。

インターネットが、映画のレンタル業界を完全に変えてしまったのです。「ネットフリックス」のような新しい技術を利用している企業では、メールを利用したＤＶＤとオンラインストリーミングが主流になっています。一方、ブロックバスターのように、時代遅れのビジネスモデルを続けた企業は、徐々に苦しい経営状態に追い込まれました。

これまでにブロックバスターは、ネットフリックスを買収する機会が数回ありましたが、それ

（1）（Seth Godin）主にマーケティングに関する著作で知られ、多くの本が邦訳されています。

（2）（The Onion）は、アメリカの風刺報道機関。国内外および各地域の風刺的なニュースを発信しているほか、娯楽紙およびウェブサイトの「The A.V. Club（英語版）」も提供しています。この動画は、「Blockbuster Offers Glimpse Of Movie Renting Past」で検索することで見られます。

を拒否したのです［参考文献３］。また、メールによるＤＶＤプログラムを開始しようとするころには、業界リーダーとしての地位を失っていました。ブロックバスターとその同業のレンタルビデオ会社が新しい技術に目もくれなかったことで得た厳しい教訓は、「イノベーションか死か」ということでした。

賢明なリーダーは、イノベーションの必要性を理解し、その結果、絶えず組織を改革しています。たとえば、「スターバックス」は、コーヒー豆の販売に専念するビジネスとしてスタートしました。しかし今日では、世界でもっとも有名な「コーヒーショップ」となっています。

同社の会長兼最高経営責任者（ＣＥＯ）のハワード・シュルツ（Howard Schultz）氏は、人々が家庭や仕事から離れて過ごすことのできる場所をつくろうと考えました。そして、コーヒー豆を焙煎して売っていたころから、同社のリーダーたちはビジネスを改善するために絶えず努力してきました。彼らは、コーヒーを淹れる新しい方法を見つけようとしたのです。

たとえば、「醸造時間と温度をディジタルで制御したり、レシピをアップデートするためにクラウド技術を利用したり、顧客の好みを追跡したり、あるいはコーヒーメーカーのパフォーマンスを監視したりする」ためにハイテク機器を利用しました［参考文献４］。

彼らは製品の種類を増やし、さまざまな風味と形態のコーヒー、そして紅茶を提供したのです。それだけでなく、スターバックスはそこで働く従業員の生活を大切にした勤務形態を用意したり

〔参考文献5〕、従業員として働く学生が学位を取得するための費用を負担したりする〔参考文献6〕など、従業員の待遇をよくしたことでも知られています。

スターバックスのコーヒーが好きかどうかにかかわらず、消費者の要求を満たすために、絶え間なく改善と適応に取り組んでいる組織の一例です。スターバックスの場合、その経営方針の変化は、単にコーヒーの販売や自社の生き残り以上に大切なものと言えます。そして、それが成功につながっているのです。

新たな機会

学習は変革につきものだ。うまくいっても、いい気になると、昨日通用したものが明日も通用するという錯覚に陥る。

（ウィリアム・ポラード）[3]〔参考文献7〕

教育界の合言葉は、「子どもたちがまだ存在していない仕事に就けるように準備する」という

（3）（C.William Pollard）上席副社長として「サービスマスター」に入社後、最高経営責任者（CEO）に選任され、同社のコンシューマー・サービス事業の急成長に貢献した。現在、名誉会長。

ことです。二〇一一年には、その目標を念頭に置いて、ティム・モンズ教育長と私は「革新的な教え方・学び方」部門の責任者という役職をつくりました。それまで、私たちの教育委員会には（当時、知るかぎりほかの教育委員会でも）存在していなかった役職です。

これまでのように、既存の役職を単に名称変更するだけで仕事の内容は変わらないという状態を私たちは懸念していました。私たちには、何か新しいもの、まったく異なるものが必要だったのです。教育長と私、そして教育委員会のほかのリーダーたちは、やっていたこととやるべきことの間にギャップがあることを知っていました。また、そのギャップを克服し、私たちが夢見てきたような革新的な組織をつくり出すためには、まったく異なる考え方が必要であることも知っていました。

この役職に就いた私ですが、これには少しリスクがあることも知っていました。そのリスクとは、特別な仕事が必要とされているということではなく、教育委員会の改革を進めるにあたって支援が期待されているということに由来するものでした。「空中で飛行機を組み立てる」という動画[4]と同じく、もしかすると私たちは、飛行機が墜落して燃えてしまうかもしれないと思っていました。

しかし、ありがたいことに教育長は、ほかのリーダーシップ・チームのメンバー[5]がこの革新的な教え方・学び方に賛同するなら、リスクが伴うにもかかわらず、行政がその教え方・学び方の仕事に人と資金を費やすなど、援助することに理解を示してくれました。

この役職での最初の仕事は、教え方・学び方という枠組みのなかで、イノベーションが教育委員会のために何を意味するのかについて理解してもらうことでした。それが意味するものと、教師と生徒にどのように受け入れられるのかについて、定義することなく教え方・学びのイノベーションを実現することができないからです。

これについて補足しておきますが、この役職がつくられる以前に、教育委員会内に革新的な教師がいなかったというわけではありません。事実、私は教育委員会内外の多くの教師が、教え方・学び方のアプローチにおいて非常に先進的な考えをもっていることを知っていました。しかし、そのイノベーションは限定的なものでした。それゆえ私たちが期待したのは、この教え方・学び方のイノベーションが教育委員会の文化的な規範(6)になることでした。

(4)「Building planes in the sky」で検索すると、この動画が見られます。

(5)所属する教育委員会の、著者以外のリーダー的なポジションにいる人たちという意味です。

(6)ここで言う「文化的規範」は、「上からの命令でやらされる」のではなく、「その構成員にとって至極当たり前のものであり、習慣的に行われるもの（行動したり判断したりするときの基準）」という意味になります。

学校は「なぜ」を忘れてしまったのか?

時に私は、もっとも人間的な職業である教師という仕事を、成績を出すことだけに限定していないかと心配しています。これまで私たちは、教師としての義務感や内外の学校評価に影響されて、成績に重点を置かざるを得ない状況にありました。それゆえ、私たちは教師本来の仕事や目標を忘れてしまっているように思われます。たとえば、生徒の人生をよりよいものにしたり、時にはその人生を変えたりするような影響を与えることなどです。

講演者であり、著述家でもあるジョー・マーティン（Joe Martin）博士は次のように述べています。

「標準化されたテスト[7]が自分の人生を変えた、と話す生徒に出会ったことはありません」

教え方・学び方のイノベーションの責任者を引き受けて間もなく、『WHYから始めよ!：インスパイア型リーダーはここが違う』（栗木さつき訳、日本経済新聞出版社、二〇一二年）というベストセラーの著者であるサイモン・シネク（Simon O. Sinek）によるTED《テッド》トークの講演を見ました。「優れた指導者はどのように行動を促すことができるか」[8]というプレゼンテーションで［参考文献8］、彼はすべての偉大な組織が「なぜ」からはじまり、そのあとで「どのように」や「何を」といったプロセスを考えると説明していました。

教育にとっての「なぜ」は、よりよい現在と未来を創造する学習者とリーダーを育成することだと私は信じています。「リーダー」という言葉を使うとき、私は上司のことではなく、世界に影響を与えることができるすべての人々を考えます。同様に、「学習者」という言葉は生徒に限定したものではありません。

教師にとっては、自らを学習者とリーダーの両面において成長を続ける機会が必要です。いかなる職種や職位の人（生徒、教師、管理職）も、学習者とリーダーでなければなりません。しかし、人々にこれらの特質を付与して発展させるためには、彼らをエンパワーしなければならないのです。それは、従順であることを要求するのではなく、イノベーションを促す必要があるということです。

なぜ本書を書くのかという私の関心と目的は、「一人ひとりがイノベーターのマインドセットを受け入れることを助けるための学校づくり」にあります。先進的な学校において、今日の学習者がクリエイターとリーダーになることができれば、彼らがよりよい世界を創造できると信じています。この「なぜ」をベースにして、私たちは教師として何をどのようにやっていくのかということに取り組まなければならないと思っています。

（7）学力テストや入試のような、共通して行われるテストのことです。
（8）このタイトルで検索すると、日本語字幕付きの動画が見られます。

イノベーションを定義する

イノベーションは、今日の教育界の共通用語であり、すでに本書において何度も使用しています。[9] しかし、実際、とくに教育界ではどのように捉えられているのでしょうか？

本書を刊行するにあたって、私はイノベーションを、「新しくて、よりよい何かを創造する考え方」として定義しました。イノベーションという言葉は、「発明」（まったく新しいもの）または「異なるバージョン」（すでに存在するものの変化）に由来しますが、それが「新しくてよりよい」という考え方に合致しなければ革新的とは言えません。つまり、変化のための変化では決して十分ではなく、多くの組織がしているように、最新のものや意味があることをしているように見せかけるために、流行語としてイノベーションを捉えてはいけません。

イノベーションは考え方だと言いましたが、それは概念、プロセス、潜在的な成果を考慮する方法でもあります。モノや仕事、またはICTではありません。オートデスク社[10]の元CEOであるカール・ベイス（Carl Bass）氏は、TED《テッド》トークの講演で「イノベーションの新しいルール」を説明しています。

「イノベーションは、我々が世界を変える方法です。物事をよりよくすることです。より意味のあるものにすることです。アイディアやＩＣＴの実際的な応用によって、新しくてより優れたものをつくることなのです」［参考文献9］

多くの組織が、ＩＣＴと同義語であるかのようにイノベーションに取り組もうとしていますが、それは間違っています。革新的な組織をつくり出すためにＩＣＴは確かに不可欠ですが、コンピューター、タブレット、ソーシャルメディア、インターネットなどのツールについてではなく、それらをどのように使いこなすのかということが革新的なのです。

イノベーションの代わりにしばしば使用される言葉は「転換（transformation）」です。これは、教師の仕事を劇的に変えることを意味します。何人かの管理職が「転換」を求めている理由を理解していますが、その意味するものはイノベーションです。個人や組織としてのありようでイノベーションを実現することができれば、劇的な変更は必要としないのです。

サンディエゴ大学のモバイル・テクノロジー・ラーニング・センターの研修ディレクターであるケイティ・マーティン（Katie Martin）氏は、革新的なマインドセットを育てるうえでのリーダーシップの重要性について次のように語っています。

（9）日本の教育界で、この言葉を耳にすることはまだありません。また、「教育改革」という言葉はかなり前から使われていますが、それも単なる「流行」として捉えられているというのが現状です。

（10）（Autodesk）３Ｄなどの図面作成のソフトフェアを開発しています。

自分のかかわる生徒たちのために、本物の、参加型の、そして意味のある学びの経験をデザインするために、教師に取って代わるものはありません。教師の役割は、生徒を刺激し、生徒のスキルやマインドセットを育てることです[11]。デザイナーやファシリテーターとしての教師は、資源、経験、コミュニティーのサポートによって継続的に進化する必要があります。必ずしも、教師の役割を転換する必要はありません。生徒にとって最適な学びの体験を提供するために、教師のイノベーションを促し、能力を発揮できるような文化の創造が求められていますし、それがますます明白となってきています。〔参考文献10〕

革新的な文化を確立するために転換は必要ありません。しかし、「生徒にとって最適となる学びの体験」をサポートし、アイディアの開発と改良のプロセスを重視するシステムをつくり出し、それを維持するためのリーダーは必要です。

問いからはじまるイノベーション

シカゴの教師であるジョシュ・スタンフェンホースト氏が次のように述べています。

「革新的な教え方は、生徒の学びをよりよくするための絶え間のない進化です」

さらにジョシュは、授業の中心は教師ではなく、生徒全体でもなく、生徒一人ひとりであると述べています。このような環境をつくり出すために毎日問われなければならない質問は、「この学習者にとって、何が一番よいのだろうか?」ということです。

教育の個別化と、私たちが「奉仕する」(12)生徒たちに共感することが、教え方・学び方のイノベーションのはじまりなのです。

それぞれの学習者にとって何が最善であるかを考えるとき、私たちが教えていることが生徒の将来にどのような影響を与えるのかについて考える必要があります。たとえば、多くの教師に尋ねた質問の一つは、「今日の世界において、生徒はエッセイを書いたり、ブログを投稿することは必要なのでしょうか?」というものでした。この質問を不快（それこ

(11)　この文章の具体的な事例は、『オープニングマインド』にたくさん出ています。また、これ以降の文章の具体的な事例としては、『シンプルな方法で学校は変わる』『ようこそ、一人ひとりをいかす教室へ』『効果10倍の教える技術』がおすすめです。

(12)　日本の教育界で、「教師が生徒に奉仕する」という感覚はまだ希薄だと思いますが、単に「かかわる」や「接する」と訳してしまっては、教師自身が絶えず挑戦し、変わる必然性はなかなか見えてこないと思いますし、この言葉が原書のキーワードの一つであることからも、この聞きなれない言葉を使うことにします。

教師にとって毎日問われなければならないことは、「この学習者にとって、何が一番よいのだろうか」ということです。

そが大切！）に思う人もいますが、今日の教育ニーズとは何かを考えさせてくれます。

　言うまでもなく、これはどちらがいいかという質問ではありません。私たちがやることについて、その理由を考えるための質問なのです。このような考え方を教育のなかで引き起こすためには、さらに多くの質問をする必要があります。

　これまでとは違った形で誰にどうやって教えるのかと考えるとき、よりよい学びの機会を生徒たちにつくり出すことができます。私たちが何をしようとしているのか、それをなぜするのかについて考えることは、イノベーションのためには不可欠となります。

　たとえば、国語（北米では英語）の教師であれば、動画を授業に取り入れる方法を知ることが、引用する際に必要となる著者や出典の表し方と同じく、コミュニケーションにとって重要であるかどうかを検討することになるでしょう。その際、授業でビデオを使いこなす方法を知っていることと、ビデオをつくる方法を知っていること、このどちらが生徒にとってはより価値があるのかと疑問に思うかもしれません。

　もちろん、これらの質問に対する答えは文脈によって異なります。要するに、このような問いは、教師がこれまでとは異なる視点で物事を考えるということなのです。

　こうした問いによって、精通していて容易にこなせる内容を教えることに対して、生徒の個人的なニーズという観点から教育を見直す機会が得られることになります。おそらく、エッセイを書くことは、効果的なブログ投稿を行うために重要なことでしょう。どのように授業をするのか、なぜスキルが必要なのか、そしてそれを教えたりするのかについて考えることが、豊かな学びの機会を生徒に提供するときに役立ちます。

オープンで革新的な学び

著名な教師であるノースカロライナ州ローリーのビル・フェリター（@ PlugUsIn）が、私の好きな教師の一人です。彼は、常に自らの教育を教室内で限界まで推し進めるだけでなく、ほかの教師が考えた教育方法を広げようと挑戦しているからです。

ビルは自分の Flickr《フリッカー》ページ[13]で、創造的な授業を無料で公開しています。自分のコンテンツに「クリエイティブ・コモンズ」[14]のライセンスを与えているので、ほかの人が掲載されているオリ

---

(13)　写真の共有を目的としたコミュニティー・サイトです。

(14)　クリエイティブ・コモンズ・ライセンス（CCライセンス）を提供している国際的非営利組織とそのプロジェクトの総称です。CCライセンスとは、インターネット時代のための新しい著作権ルールで、作品を公開する作者が「この条件を守れば私の作品を自由に使って構いません」という意思表示をするためのツールです（クリエイティブ・コモンズ・ジャパン）。

ジナルを変更することも可能です。彼の作品の一つである「子どもたちに、ICTを使って何ができるようになってほしいのか？」と題された図が、私の注目を引きました（**図1－1**を参照）［参考文献11］。

私がブログに「リーダーに、ICTを使って何ができるようになってほしいのか？（What Do You Want Leaders to Do with Technology?）」という記事を書いたとき（二〇ページの**図1－2**を参照）、この**図1－1**を「リミックス」しました［参考文献12］。するとビルは、私の考えを引き継いで新しいスライドをつくってくれたのです。(15)

このような簡単な例では、アイディアを生み出すこと（ビルのオリジナルの考え）とそれに対する私のバージョン（彼の考えを応用したもの）を見ることができます。どちらも、新しくてよりよいものを創造するという意図でデザインされています。

イノベーションは、常に「物理的」な創造ではありません。単なるアイディアであることもあります。この二つの図は、イノベーションではなく、アイディアとそれらが使われる方法が革新的な思考の可能性をもっているということです。これらの図の革新的なことについては第11章「オープンカルチャーを取り入れる」で本格的に説明しますが、多くの人の利益のためにアイディアを自由に共有したり、編集して新しいものをつくり出すということです。

この事例からも、イノベーションは「新しいもの」でないことを強調しておきます。イノベー

図1－1　子どもたちに、ICTを使って何ができるようになってほしいのか？

子どもたちにICTを使って
何ができるようになってほしいのか？

誤答	正答
・prezi(1)をつくる	・意識を高める
・ブログをはじめる	・会話をはじめる
・言葉を使わずにつくる	・問いに対する答えを見つける
・スライドショーをつくる(2)	・仲間に加わる
・図表をデザインする	・考えを変える
・ビデオをつくる	・違いを生み出す
・Edmodo(3)に投稿する	・行動を起こす
・ホワイトボードを使う	・変化を推進する
・アプリを開発する	

ICTは、それ自体が学びの目的ではなく道具である。

（1）Preziは、パワーポイントのようなプレゼンソフトです。
（2）Animotoの動画編集アプリを使って、スライドショーを手軽に作成することができます。
（3）Edmodoは、世界中の教師同士が学習コンテンツをシェアすることで、よりよい学習環境の形成を目指すプラットフォームです。現在、全米の93の教育委員会で導入されており、すでに日本でもサービスを展開しています。

図1－2　リーダーに、ICTを使って何ができるようになってほしいのか？

リーダーにICTを使って
何ができるようになってほしいのか？

よい答え	**さらによい答え**
・ツイートする	・信頼関係を築く
・グーグルのアプリを使う（またはオフィス365）	・さまざまな方法でコミュニティーとつながる
・ブログの投稿を書く	・組織をフラットにする
・学びのマネジメントシステムを使う	・地域とグローバルレベルで協働する
・ビデオを発表する	・文化を変える
・リマインダー(1)機能を使いこなす	・誰か（みんな）から学ぶ
・ウェブサイトを作成させる	・オープンに振り返る
・プレゼンを行う	・説得力のあるストーリーを伝える
・表計算ソフトをつくる	・個人的な学びの機会をつくり出す
	・変化を起こし、**リードする**

ICTはそれ自体がリーダーシップの目的ではなく、道具である。

IDEAS BY @GCOUROS　　ART BY `PLUGUSIN

（1）リマインダー／通知機能は、たとえばグーグル・カレンダーについている出来事などを思い出させるため、設定した日時にメッセージを表示したり、電子メールを送ってくれたりする機能のことです。

ションは、過去に優れたアイディアをもっていたビル・フェリターのような革新的な教師でさえも、アイディアを共有する機会がかぎられていました。

場合によっては、不定期に行われる研修の場で、多少なりともこのようなアイディアを共有していたのかもしれません。しかし今日では、ＩＣＴによって革新的なアイディアを世界中に素早く簡単に普及させることができるのです。

たとえば、ビルの**図1-1**は、この執筆時点において、すでにFlickr《フリッカー》で四万三〇〇〇回以上見られています。多くの人々と一対一の対面で、あるいはこの革新的なアイディアが職員会議で共通に理解されるまでにどれくらいの時間がかかるのかと想像してみてください。ＩＣＴは、かつてのような限界をすでに突破してしまっているのです。

イノベーションへの簡単なステップ

一つのアイディアが私たちの考え方を完全に変えることがあります。小学校一年生の担任教師

(15)　元々は既存曲を編集して新たな楽曲にすることですが、それがネット上の画像など、すべてのものを互いに活用／紹介しあうことを意味しています。

が、教室で教えていた様子を私に話してくれたことを思い出します。植物が生長する様子を生徒がジャーナルに書き、その生育状況を絵にして記録していると彼女は教えてくれました。

毎週、彼女は生徒たちのプロジェクトについて個別に対応しました。彼女たちはクラスの目標について話をし、一緒に革新的なアイディアをいくつか考え出し、それらを達成しました。その先生は、クラスのインスタグラム・アカウント（instagram.com/pvsgreen- thumbs）を作成しています。生徒たちが写真を撮って投稿し、「説明ボックス」に観察した内容を文書にしてまとめたのです。

プロジェクトをネットに載せるということは、教師、両親、そして世界中の人々が生徒の投稿にコメントができるということです。このアイディアを実行したことで、教師はクラウドソースによる学びを実現したのです。主な目的は植物の生長に焦点を当てることでしたが、六歳と七歳の生徒は、デジタル記録についてオンラインに投稿すべき内容とそうでないものがあるということについても学ぶことができたのです。

簡単に言えば、このプロジェクトは新しくてよりよい教え方と学び方になったということです。教室外の人々から学び、両親を会話に引き込む機会（自宅で行われていた学習も改善されました）は、マインドセットの単

> 慣れ親しんでいる考え方を変えることで、革新的な学びの機会をつくり出すことができるのです

純な転換から生まれたのです。

それは人生を変える出来事でしたか？　いいえ違います。ただ、それは正しい方向への第一歩となりました。そして、私たちが日々慣れ親しんでいる考え方を変えることで、教師や生徒にとっては革新的な学びの機会をつくり出せることを証明しました。

イノベーションではないこと

アップル社の有名な「Think Different」[16]というアイディアは、スタートとしてはよいのですが、革新的で有益なものをつくるには不十分です。たとえば、今日の多くの学校では、これまで自動販売機にあった不健全なジャンクフードをより健康的なものに変えています。健康な軽食を提供することで、生徒に選択肢を与えなくても「よりよい食べ物を食べられればそれでよい」という考え方です。

このやり方は、よりよい食生活を奨励することを目的としていますので価値のある目標と言え

(16)　プロモーションのキャッチコピーとして使われた言葉です。「発想を変える」「ものの見方を変える」「固定観念をなくして、新たな発想でコンピューターを使う」という意味です。キャンペーンでは、「世界を変えようとした人たち」として、アインシュタインやピカソやガンジーなどを挙げていました。

ますが、多くの学校でこのアプローチは失敗しているのです。なぜなら、生徒は学校で買えるものだけを食べるわけではなく、近くのコンビニエンスストアに行って不健康な食べ物をたくさん購入するからです。

このケースでは、たとえ値段の高いものであっても、体によくない食べ物であっても、選択肢の多い食品を選ぶという傾向が生徒にあることを示しています。つまり、この場合、生徒にとっては健康対策よりも好みが優先しているということです。人々が変わることをサポートするためには、それまでの習慣を変えるうえにおいて必要となる事柄を最初に理解することが重要となります。

変化するために変わる時間が無駄となり、前より状況が悪くなる場合もあります。単に「A」を「B」に置き換えるだけでは革新的と言えませんし、以前よりも悪い結果になる可能性すらあるのです。個々人の利益と最終目標を念頭に置いた解決策の構築は、あらゆるイノベーションを成功させるために不可欠となります。

前進するために

ジョン・マクスウェル[17]の有名な引用句の一つに、「変化は避けがたいが、成長するかどうかは選択次第だ」という言葉があります〔参考文献13〕。多くの点で、その文言は正しいと言えます。私たちは、成長するか／変わるか／イノベーションをつくり出すか、あるいは否かを選択しています。しかし、生徒の将来に焦点を当てた学校では、もはや成長を選択肢にすることはできません。

変化は絶え間なく続き、驚くほどのことを成し遂げる機会であることを先に述べました。おそらく、私たちができることは、生徒だけでなく教師に対しても成長を義務づけることです。そうすることによって、私たちは本当に生徒たちのために働くことができるのです。

古い方法で教育をすれば十分であると考え、新たな方法を受け入れることを拒否することは、レンタルビデオ店の二の舞になるだけです。絶えず変化する世界では、すでに行われていることだけを維持しようと考えてしまうと、事態はさらに悪化することになるでしょう。学校が前進するためには、イノベーターのマインドセットが必要不可欠となるのです。

---

(17)　(John C. Maxwell)「世界一のメンター」とも称されるアメリカの自己啓発作家、講演家、牧師。おもにリーダーシップに焦点を当てた多数の著作があります。

話し合いのための問い

❶あなたが革新的であると考える事例は何でしょうか？　それは、以前の考えよりどのような点が新しいのでしょうか、またよりよいものでしょうか？

❷あなたの仕事のなかで、イノベーションの機会をどのようにつくり出すことができるでしょうか？　あなたの教え方や学び方ではどうでしょうか？

❸今日の世界で変わってしまったことのなかで、イノベーションをより容易にしただけでなく、生徒にとっても必要なことになったものにはどのようなものがあるでしょうか？

第2章 イノベーターのマインドセット

教育は、与えられるものから、自分たちでつくり出すものという考えに向かって進んでいく必要がある。

（ステファン・ダウンズ[1]）［参考文献1］

テレビのリアリティ番組「Educating Yorkshire（ヨークシャーの高校生を教育する）」［参考文献2］での印象的なシーンですが、吃音症をもつ生徒とかかわりのある教師が映画『英国王のスピーチ（The King's Speech）』[2]（二〇一〇年）で観たテクニックを試しています。この映画では、ジョージ六世が音楽を使って吃音症を和らげていました。この映画を観た教師は、彼の生徒であ

（1）（Stephen Downes）カナダ人のダウンズは、一九九五年以来、コンピューターとニューメディアを教育に活用するための開発・普及をしています。

（2）（George VI, Albert Frederick Arthur George, 1895～1952）映画ではコリン・ファースが演じています。

るムシャラフ・アスガーが詩を読み上げようとしているときに音楽を聴くことをすすめました。すると、すぐに「できた！」とよい結果が現れ、教師も生徒も驚いたのです。

その後、「声をもたなかった」ためにいじめられて学校を辞めようとしていたアスガーが、クラスでスピーチをすることになりました。仲間である生徒と教師らは、彼が話す様子を見てびっくりして感動しました。みんなが泣いていました。生徒を大切にし、新しいことを試すことで成功への道を切り開いたバートン先生は、称賛の嵐のなかで誇らしげに、うれしそうな顔をしていました。

吃音症を乗り越えることがアスガーに大きな自信を与え、吃音や言語療法に関するドキュメンタリーの主人公となる機会をもたらしたのです［参考文献3］。このような結果は、言うまでもなく、教師がイノベーターのマインドセットをもつことによって生まれたものです。

イノベーターのマインドセットを選択する

スタンフォード大学の心理学者であり、著名な本『マインドセット――「やればできる！」の研究』（今西康子訳、草思社、二〇一六年）の著者であるキャロル・ドウェック（Carol Dweck）は、教師が成長マインドセットの概念を生徒に紹介するようにすすめています。

彼女は、「固定マインドセット」と「成長マインドセット」の違いを生徒に教えることでエンパワーすることになる、と説明しています。たとえ最初は失敗しても、新しいことを試すことによって生徒たちは心を広げ、強くなることを学ぶのです。

固定マインドセットでは、基本的な能力、知性、才能は固定された特性であると生徒は信じています。固定マインドセットは、みんなある程度の能力や才能をすでにもっており、それ以上は期待できないというものです。したがって、彼らの目指すところは、自分が常に賢く見え、決して頭が悪く見えないようにすることとなります。

一方、成長マインドセットの生徒は、自分の才能や能力が努力やよい教え方、そして粘り強さによって伸びると理解しています。彼らは、誰もが同じであるとは必ずしも思っていませんし、誰もがアインシュタインになれるとも思っていませんが、努力すれば誰もが賢くなると信じています。〔参考文献４〕

新しくてよいものをつくり出すという革新的な能力は、今日、世界中の組織が求めているものです

図２－１

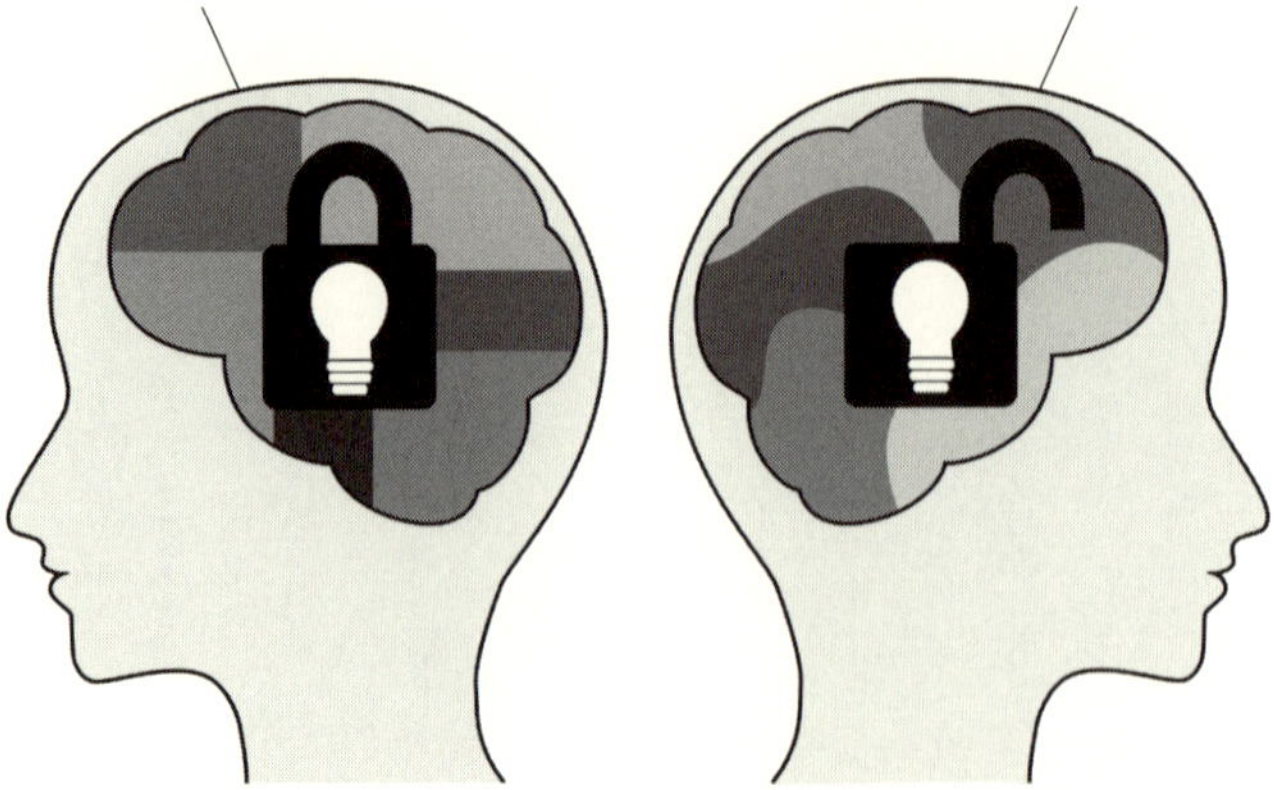

能力、知性、才能は固定された特性であるという考え

能力、知性、才能は伸ばすことができるという考え

二つのアイディアを比較するために、ピアノを弾くという簡単な例で考えてみましょう。固定マインドセットの学習者は、ピアノを弾く能力がないと信じています。一方、成長マインドセットの学習者は、厳しい練習をすればピアノは弾けるようになると信じています。後者の考え方の基本は、挑戦さえすれば、いつかは成長することができるというものです〔参考文献５〕。

それでは、イノベーターのマインドセットはどうなるでしょうか。この場合、ピアノが弾けるようになれば、さらにその能力を活かして音楽をつくり出し、さらに成長マインドセットをさらに進歩させることができます。つまり、イノベーターのマインドセットは、能力、知性、才能が開発され、それ

図2－2

イノベーターのマインドセット

イノベーターのマインドセットは、能力、知性、才能が開発され、それが新しくてよりよいアイディアの創造につながる思考様式

が新しくてよりよいアイディアの創造につながる思考様式と定義することができます。

成長マインドセットは、自らの学習意欲を高めるうえにおいて非常に重要です。しかし、教育を変えて生徒に将来の準備をさせるためには、イノベーターのマインドセットを取り入れて、生徒にも浸透させなければなりません。そのための方法として私たちは、習得した知識で何かをつくり出すことに焦点を当てなければなりません［参考文献6］。

新しくてよいものをつくり出すという革新的な能力は、今日、世界中の組織が求めているものです。コラムニストのトーマス・フリードマン（Thomas L. Friedman）は、「ニューヨークタイムズ」の記事において、「グーグルで仕事を得る方法（How to Get a Job at Google）」と題して、知識を行動に変えていくことは、おそらく情報を集めることよりも重要であると述べています。

グーグルは、ＧＰＡ[3]のような伝統的な成績の指標を超えた、魅力的な才能をもつ学生を引き付けています。しかし、ほとんどの若者にとって、大学に通ってうまくやる（つまり、いい成績を取る）ことは、多くのキャリアのために必要なツールを修得する最良の方法であり続けています。

注意してください。あなたの学位は、仕事をする能力の尺度となるものではありません。**世界は、あなたが知っていることを使って何ができるのかに関心があるのです（あなたがそれをどのように学んだかについては問題にしていません！）。**［参考文献７］

吃音症の生徒の例に戻りましょう。教師は、生徒のために新たな機会をつくり出したくて、大学の授業、教員研修、あるいはほかの学習機会で学んだことではなく、『英国王のスピーチ』を観て学んだことを利用しました。それは、生徒たちが日常的に使用しているＩＣＴ（スマートフォンやヘッドフォン）を活用するという非常に簡単なことでした。個人的なディバイスを通して音楽を聴くことは、一九七九年にウォークマンが発明されて以来、誰しもが行ってきたことだか

らです。ICT自体は革新的ではありませんが、その使い方が革新的だったのです。

生徒にとって新しくてよりよい機会の必要性を認識し、それをつくり出せるようになることが重要なのです。事実、それは不可欠なものです。

教育者はみんなイノベーターのマインドセットをもつべきでしょうか?

見出しの質問に対する答えは「はい」です。では、なぜでしょうか?

実は、意識するかしないかにかかわらず、すべての教師は数多くの努力やさまざまな指導方法を試しています。つまり一方で、授業が理解できなかったり、新しいスキルを習得することができなかった生徒も一緒に学んでいるからです。

あなたがほかの生徒と一緒に使ったアプローチがうまくいかないとき、今、目の前で苦労している生徒を見捨ててしまいますか?　そんなことはしないでしょう。少なくとも、私はそのようにしたくありません。

---

(3)「grade point average」の略。アメリカの大学や高校で一般的に行われている成績評価方法です。成績を五段階の数値に置き換え、その平均点で評価します。

このような場面で私が望むことは、あなたが知っていることを把握し、知る必要があることをもとに、この場面で必要な指導方法を考え出すことです。また、このような場面に出合うことは、新しい方法を考え出すための絶好な機会であるとあなたに捉えて欲しいとも思っています。

同様に、ほぼすべてのリーダーが予算という制約に直面しており、少ない予算でよりよい結果を出すことが期待されているという仕組みのなかで働いています。ありがたいことに、イノベーションはモノやお金に関することではありません。考え方なのです。リーダーとしての私たちの挑戦は、前進するために新しいやり方を考えることなのです。私たちは複雑な世界に住んでいます。複雑な世界のなかで問題を解決し、役立つ、新しくてよりよい方法を模索する必要があります。

> イノベーションはモノではなく、考え方なのです。

箱の中でのイノベーション

ミネソタ州の進歩的な校長であるブラッド・グスタフソン（Brad Gustafson、@gustafsonbrad）は、こうした予算の枠内でやり繰りができるというリーダーの代表格とも言える人です。ミシガン州で開催されたコンピューターを使う学習協議会（MACUL）で、彼が学校での素晴らしい取り組みとイノベーションについて紹介してくれたことを私ははっきりと覚えています。聴衆の一人が、「これをやるための資金をどこから捻出しましたか？」と尋ねました。彼の答えは簡潔で、素晴らしいものでした。

「私たちはイノベーションという予算項目をつくりました。そして、ある項目からこの項目に予算を移したのです」

ブラッドは、学校で革新的なアイディアを実現するために外部の資金源を探すということをしませんでした。彼はすでにあった予算を利用して、学校のニーズを満たすためにそれを使ったのです。ふざけているのではありません。教育、とくに公共部門では、学校に対して十分な予算が回されているわけではありません。学校でイノベーションを行う場合には、「箱の外」の考えや資金に期待するのではなく、予算という制約のなかで革新的な考えに焦点を当て、これまでとは異なるタイプの思考が必要となるのです。

言い換えれば、私たちは「箱の中」でイノベーションを実行する方法を学ぶ必要があります。ブラッドのように、現状を把握して、新しいものをつくり出す必要があるのです。そして、モデルとして管理職によって示されたこの「箱の中」のイノベーションを教師が理解して、自分も同じように実行することが極めて重要となります。

失敗のどの部分を受け入れるのでしょうか？

教育におけるイノベーションについて語るときによく繰り返される教訓は、「失敗はプロセスの重要な部分である」ということです。[4] いくつかの点でそれは真実です。ただ、残念なことに、この考え方はプロセスの間違った側面に焦点を当ててしまうことがあります。

イノベーションの一環として、「失敗の重要性」について強調する人ほど「失敗」に焦点化するといった傾向があります。彼らは、「ダイソンの真空」を発明したジェイムズ・ダイソン[5]のような発明家の話を挙げています。

ダイソンは一五年を費やして、完成するまでに五一二六個の試作品をつくりました［参考文献8］。試して、失敗して、もう一度やり直すことは、間違いなく彼のプロセスの一部でした。しかし、その本質は、彼が最後に成功しなかったなら、誰もジェームズ・ダイソンについては言及することがなかったということです。

あなたは、何人の真空発明者の名前を挙げられますか？　それは一人、それとも二人？　あるいは、市場に製品を送り出した真空技術者の名前を挙げられますか？　たぶんゼロだと思います。

失敗する自由があるということは、イノベーションにとっては重要なことです。しかし、そのプロセスにおいてより重要なのは、「回復力（レジリエンス）」と「やり抜く力（グリット）」です。回復力とは、敗北や失敗に終わったあと、元に戻る能力のことです。一方、やり抜く力は、不屈の精神または強さという意味です。これら二つの特性は、生徒を支えるために新しくてよりよい方法を模索するなかで育て、継続していく必要があります。

一例を挙げます。私は最近、一つのやり方しか生徒に試みようとしない教師とのやり取りに不満を抱いていた学びのコーチ(6)と話し合いました。あるプロセスがうまくいかなかったとき、学びのコーチが「ほかの何かを試したのか」と尋ねたところ、その教師はほかに何

失敗する自由があるということは、イノベーションにとっては重要です。しかし、そのプロセスにおいてより重要なのは、回復力とやり抜く力です。

（4）それに対して、日本でよく言われるのは「失敗や実験は教育では許されない」ではないでしょうか？　失敗や実験なしで、いったい日々の教育実践をどのようにして「新しくてよりよいもの」にしていこうというのでしょうか？

（5）（Sir James Dyson）イングランドのプロダクトデザイナーで、「ダイソン社」の創業者として、また紙パック不要のデュアルサイクロン掃除機の発明者として有名です。

（6）一つの学校ないし複数の学校を対象に、教え方・学び方に限定して教師たちにコーチングする人のことです。一九九〇年代後半から増えています。日本の指導主事や管理職も、この方向に役割を変えるときが来ています。

もしていなかったことを認めました。学びのコーチは明らかに、その教師がすでに過去の出来事として葬り去っていたことに不満を抱いていたのです。

その後、私たちのグループでは「失敗」という概念に焦点を当てて、教師が失敗を受け入れ、気にしすぎないようにすることの大切さについて話し合いました。話に割り込んで、私は学びのコーチに尋ねました。

「あなたが話したプロセスを失敗と見なすのですか？」

彼女は「はい」と答えました。私は「それで大丈夫？」と尋ねました。

「いいえ」と、彼女は力強く答えたのです。

まさに、それが重要な点です。さまざまなことを試し、生徒のために代替案を考え出すことがイノベーターのマインドセットです。しかし、最終的な結果として失敗を受け入れてしまうことは、とくにそれが生徒たちに関するもののときは、そうしてはなりません。

私が最初に教えはじめたとき、私が教えたやり方で、つまり私に合わせて生徒は考えるべきだと思っていたことを思い出します。今思うと、これ以上の間違いはないでしょう。偉大な教師は、学習者に自らを合わせようとします。決して、その逆ではないのです(7)

これにも、「回復力」と「やり抜く力」が必要です。失敗は必ず起こるものだと理解していても、**失敗を失敗として終わらせない**ことが生徒のために奉仕する私たちにとっては大切なことなのです。誰かにとってよいことが、別な人にとってもよいことであるとはかぎりません。**リーダーとして私たちは、すべての生徒に奉仕するために必要なことは何でもするという姿勢に基づいた文化を育む必要があります。**

多額の資金をある投資家に渡し、それをすべて失ったという状況を想像してみてください。その投資家は次のように言うことでしょう。

「投資の過程において、失敗はその一部です」

この言い訳には多少なりと的を射た点があるかもしれませんが、あなたはそれを受け入れることができますか？　このことを生徒に置き換えてみてください。お金には代えられない、より多くのものを失うことになりませんか？

吃音症の生徒と教師の話に戻ってみてください。バートン先生のマインドセットは、うまくいかないかもしれないことを試みるにあたって抵抗がなかったということでした。彼がもっとも重視していたことは、うまくいくこと、つまり生徒の成功を促す方法を見つけることでした。それがイノベーターのマインドセットの例となります。試して、失敗して、またほかの方法を試して、

(7)　この点については、『イン・ザ・ミドル』の第1章をぜひご一読ください。教師がイノベーターのマインドセットがもてるようになるための、とてもいいストーリーが紹介されています。

うまくいくやり方を見つけて解決策が見いだせるまで挑戦し続けることなのです。

要するに、イノベーションは答えを出すのではなく、質問することからはじまるということです。革新的であるために、それらの質問は、私たちが奉仕する人々に対して共感を与えるものでなければなりません。どんな組織においても、その人の役職が上がれば上がるほどより多くの人に奉仕しなければなりません。決して、その逆ではないということです。

そして、次の点がよく誤解されています。他の組織と同様、教育において真に革新的であろうとするならば、私たちが奉仕するコミュニティーと個人はそれぞれ固有のものとなりますので、問うことによってそのプロセスが推進されていくことになります。私たちがかかわるコミュニティーと個人は、それぞれ唯一のものであるからです。以下に挙げる五つの質問が、その出発点を提供することでしょう。

革新的な教育者になるための鍵となる質問

自分自身がこのクラスの生徒になりたいか？

さまざまな教員研修の機会をつくってきた私の経験からすれば、教師の

> イノベーションは答えを出すのではなく、質問することからはじまります。

ニーズと期待にこたえることはとても難しいと言えます。教師は、研修で求められたものと同じ環境を自らの教室につくり出すことが期待されています。しかし、研修に費やせる時間はかぎられているため、教員研修への期待は極めて高いものとなります。(8)

無数の責任を担うための時間は、教師にはほとんどありません。教員研修そのものが、彼らが奉仕する生徒に大きな影響を与えるものでなければ、多くの教師は学ぶ気をなくしてしまうことでしょう。たとえば、教員研修の際にワークシートが手渡されると、教師のなかにはうんざりする人がいます。しかし、多くの場合、それと同じことを教師は生徒にしているのです。そのタイプの学習が行われているのは、生徒のためによいからというわけではなく、それが楽であり、これまでに行われてきた方法だからです。

生徒の視点から学習経験を考えてみましょう。

・生徒は、自分の生活に関係する形で学び、他者とのかかわり方に影響を与える機会があるでしょうか？

・あなたがつくり出した学習体験は、教員研修で取り組んでいるようなタイプの学びを模倣した

(8)　この点については、日本の教員研修事情とはかなり異なるように思います。時間がかぎられている点は同じですが、残念ながら期待は極めて低い状態が長年にわたって続いています。

ものではありませんか？　生徒の視点から教室での経験について考えて、学びの機会を通してより高い期待を設定しましょう。

この生徒にとっての最善は何か？

クラス全体のことを考えるだけでなく、それぞれの生徒を知り、その生徒がうまくいっているかどうかを知ることが重要です。一人ひとり学び方が違いますので、「どうすればこの生徒は一番よく学べるか？[9]」とか「どのようにすればこの生徒は知識を表現できるのか？」という問いかけが重要となります。

たとえば、カリキュラムの目標を理解しようとする生徒にとって、彼らが理解していることを示す唯一の方法は書き留めることでしょうか？　ビデオを作成したり、ポッドキャスト[10]を共有したり、ビジュアルを作成したり、ほかの何かが選択肢として提供されているでしょうか？

この生徒がもっている情熱は何か？

私が学校に通っていたとき、次から次へと、必読書として小説を読まされました。先生に読まされたそれらの必読書には、まったくと言ってよいほど興味がもてませんでした。一方、学校でノンフィクションを読むように求められたことは一度もありませんでしたが、じつは、私にとってはそれがもっとも関心のある分野でした。

私に小説を読ませようとすることはほとんど不可能に近いことでしたが、一日一度は図書館に立ち寄り、手に入るすべての『スポーツ・イラストレイテッド（Sports Illustrated）』(11)を読んでいました。このような情熱は、学習の経験のなかで何らかの形で活かされるべきものだったと思っています。

今まで教師として仕事をしてきたなかでの最高の経験と言えば、「アイデンティティーの日」でした。その日に生徒たちは、学校外での好きなことについて、展示やプレゼンテーションという方法でお互いに紹介しあいました。

生徒たちには、自分の興味関心を共有したいという熱意があります。教師として生徒の情熱に耳を傾けることで、よりよい経験を生み出すことができるのです。そうするためには、彼らが好きなものについて、もっと学ぶということを意図的に行う必要があります。

---

(9)　一人ひとりの学び方の違いおよび学んだことを表現するための多様な方法については、『ようこそ、一人ひとりをいかす教室へ』および『一人ひとりをいかす評価』を参考にしてください。

(10)　選択肢を提供する教え方については、『教育のプロがすすめる選択する学び』が参考になります。

(11)　アメリカでもっとも一般的なスポーツ週刊誌です。

真の学びのコミュニティーをつくり出す方法にはどのようなものがあるか？

誰かから、次のように尋ねられたことを覚えています。

「生徒たちが学校を離れるときにはエネルギーがたくさん残っているのに、なぜ教師のほうは疲れているのでしょうか？　どうして、その逆ではないのでしょうか？」

現実に、私たちの行っている授業は、生徒が教師に依存する学びです。生徒や教師自身にとって有益なのは、教師の知識だけでなく、お互いの専門的知識を活用することです。ブロギング、エドモード、グーグルアップス、ツイッターハッシュタグなどを教室で使うことは、相互に学び合う機会を生徒に提供することになります。教室の中の誰もが教師であり、学習者であるという考えを取り入れることで、互いに学び合って、教え合えるというコミュニティーをつくり出すことができます。

今やっていることは、どのように生徒たちの役に立っているのか？

教師としての経験の浅いころ、毎年度末に生徒からのフィードバックを求めました。そうすることで、次年度の生徒たちへの教え方を改善することができましたが、そのフィードバックは、その年の教室にいた生徒たちを支援するものではありませんでした。よりよいアプローチは、成績という形だけでなく、一年中、会話を通じて生徒からフィードバックをもらうことです。さらに、匿名のコメントを許可することで、生徒たちは自分の考えが表現しやすくなります。また、定期的なフィードバック(12)は、現在の生徒にどのように役立っているかについて振り返る助けにもなります。

前進するために

生徒や自分にとっての成功は、私たちがどれだけ知っているか、システムの効率性、あるいは生徒が獲得する点数といったことではありません。フリードマン（三一～三二ページ前掲）が書いたように、「あなたが知っていることでできること」についての情報こそが大切なのです。

情報は豊富にあります。それは常識です。まだ常識になっていませんが、今日の教育システムにおいてもっとも必要なことは、

(12)　このための具体的な方法は、「作家の時間、オススメ図書紹介」で検索して見られるリストにたくさん紹介されています。

> 情報は豊富にあります。それは常識です。まだ常識になっていませんが、今日の教育システムにおいてもっとも必要なことは、イノベーターによるマインドセットなのです。

イノベーターによるマインドセットなのです。

イノベーターのマインドセットは、生徒たちへの共感からはじまります（これが、上記の五つの質問が非常に重要な理由です）。同じように重要なことは、よりよいものをつくり出したいという思いです。生徒が成長することを助けたいのなら、私たちは「自分がやってきたやり方」を捨てて、生徒たちのために自分が体験したことよりもよい学びの体験をつくり出すことです。

これは、私たちがしているすべてのことを置き換えるという意味ではありません。私たちがしていることを新鮮な目で見て、「もっとよい方法があるのではないか？」と問う必要があるということです。質問は、教育におけるよりよい未来への第一歩なのです。

話し合いのための問い

❶学校内外で見たイノベーションの事例にはどのようなものがありますか？
❷教育で私たちが奉仕する人々を理解するためには、どのような問いが重要だと思いますか？
❸あなたが最初から学校をはじめるとしたら、それはどのようなものになりますか？
❹学校コミュニティー全体に対してよりよい教育システムをつくり出すために、今あるもののなかで何を活かしますか？

第3章 イノベーターのマインドセットの特徴

ＩＣＴと学びの著しい進歩によって、三年振りに教室に戻ってきた教師は三〇年もの時間が過ぎたと感じるかもしれません[1]。カナダのトロント郊外に住むベテランの高校教師リサ・ジョーンズは、三年間の育児休暇を終えて職場に戻ったとき、まさにそのように感じたそうです。そのような気持ちは、オーバーヘッドプロジェクターを取り出したときにさらに強くなりました。

わずか数年前には、オーバーヘッドプロジェクターは教育における重要なＩＣＴと考えられていました。しかし、リサが有糸分裂[2]の授業のために透明紙を切り換えたとき、彼女は突然、その

---

(1)　日本でこのような感覚をもっている教師は皆無に等しいのではないでしょうか？　それほど、ＩＣＴと学びに関する進歩が日々の教育に反映されていないということです。

(2)　真核生物の細胞分裂における核分裂の様式の一つです。細胞分裂の際にクロマチンが染色体を形成し、この染色体が紡錘体によって分配される分裂様式のことです。

方法がいかに時代遅れのものなのかと気づきました。これらの概念を教えるために使っていた方法は、すでに今日の生徒のニーズを満たしていなかったのです。

リサが自らの経験談を話してくれたとき、彼女は自分の授業をもっとよいものにしたいと思っていることがよく分かりました。彼女は、もし自分が生徒の立場なら、今まで行ってきた伝統的な有糸分裂の授業を嫌いになっていただろうと考えたのです。また彼女は、そのときにもっているかぎられた知識によって生徒たちの学びを限定したくないとも思っていました。その知識とは、現代のＩＣＴによって得られるにもかかわらず、知らないために時代遅れになるというものです。

彼女の取れる選択肢について話し合ったとき、私はツイッターと理科教師が使っているハッシュタグ（#scichat）の利用を提案しました。彼女はツイッターの初心者だったので、「六〇秒間のツイッター」というビデオを見せて、教師がツイッターをどのように利用できるかについて簡単に説明しました。

一週間後、リサは私に次のような「つぶやき」を送ってくれました。

「@ gcouros　あなたが、この授業を行うためのインスピレーションを与えてくれました。これがその成果の一つです！」［参考文献１］

そこには、彼女の生徒が製作した「六〇秒で学べる有糸分裂」と名づけられた、ユーチューブのリンクが貼られていました。

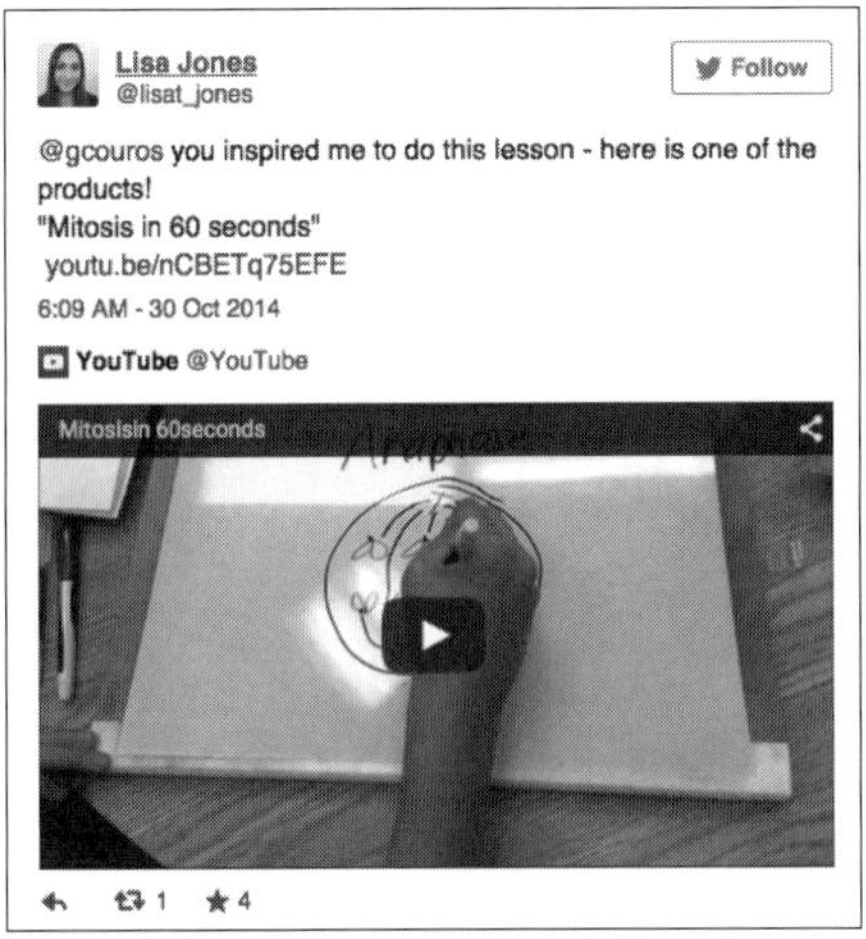

ユーチューブの写真

リサがこのような短時間で示した進歩に私はとても驚きました。新しくてよりよい学びの体験と、新しい学習方法のモデルをつくりたいという欲求がそのことを実現させたのです。

リサは、「六〇秒間のツイッター」というビデオを見たあと、生徒にそれを見せて、「有糸分裂にこれを利用することができるかしら？」と尋ねました。彼女は、自分でビデオが作成できるとは思っていませんでしたが、おそらく生徒たちならICTを理解しているので、彼らから学ぶことができるだろうと考えたのです。

これまでは従来の方法で有糸分裂の内容を教えていた彼女ですが、これを機に、革新的かつ効果的な方向性を示すことができたのです。のちに彼女は、クラス全員がその科目に合格したのは初めてのことだと教えてくれました。

このようなリサの経験は、カリキュラムをカバーするという期待や、そのときの自分が抱える制約のために、イノベーションを犠牲にする必要がないことを証明する一例となります。このケースはまさに、必要なカリキュラムを教えるために新しくてよりよい方法を生み出すという「箱の中」のイノベーションを実践したものと言えます。

よい教師とは、現行制度の制約内で、生徒にとって革新的な学びの機会を工夫できる人、これが私の信念です。実際、そうすることが不可欠だと私は思っています。

大部分の教師は、求められる学習目標を達成するために、生徒に魅力的で効果的な学びの体験[3]を提供したいと考えていることでしょう。朝、起きたとき、「学校に行くのが楽しみなのに、授業はありきたりのものでいい」と言う教師はいません。

教師とよく話をしますが、彼らは、自分が奉仕する生徒のために素晴らしいことをしたいと思っています。しかし同時に、非常に多くの要求が今日の教師に突きつけられています。それゆえでしょうが、多くの管理職から聞いたところによると、「教師は変わりたいと思っていない」という話でした。

私の考えでは、教師が「変わりたくない」と思っていることはありえません。彼らには、望ましい変化をするための明確な指針と支援が満足に与えられていないだけです。教育における効果的なリーダーシップは、すべての人を標準化されたポイントから次のポイントに移動させること

ではなく、その人にとってのポイント「A」からポイント「B」に移動させることなのです。(4)

イノベーターのマインドセットをもってリーダーシップに臨むと、奉仕する人々の現状を踏まえて、共感して彼らをリードすることができ、彼らのために役立つ解決策を見つけたり、考え出したりすることができます。

私が「教育とイノベーションのコーチ」としてリサにICTを使うことをすすめたり、科目の成績向上を要求したりすれば、多くの先生が強制されていると感じるように、彼女自身もこれまで実践してきた授業がもっともよいと思って（たとえ、そのような授業が退屈で効果がなかったとしても）、そのことに固執したかもしれません。それに対して、彼女自身が目標を理解し、またモデルとなるICTの紹介や励ましの言葉を受けたことによって、彼女と生徒のために新しい学びの体験をつくり出すべくエンパワーされたということです。

(3)　これこそが、カリキュラムの定義であるべきです！

(4)　それぞれの人にとって「A」や「B」が同じであることはありえませんし、それが自然なことです。

> よい教師とは、現行制度の制約内で、生徒にとって革新的な学びとなる機会を工夫できる人です。

イノベーターのマインドセットにおける八つの特徴

イノベーターのマインドセットとして、教師だけでなく、教育に携わるすべての人にとって必要となる八つの特徴を私は特定しました［参考文献2］。これを読みながら、リサが自分の授業でそれらの特徴をどのように取り入れて、実践していたのかについて考えてみてください（次ページのイラストを描いてくれたシルヴィア・ダックワースに感謝です。彼女のおかげで、これらの特徴を視覚的に見ることができました）［参考文献3］。

①共感的

毎日、教師は生徒に効果的な学びの機会を提供したいと思っていますので、自分自身の学びの経験に対しても高い期待をもっているということについては前章で触れました。高い期待があることは決して悪いことではありません。それは、間違いなくとても有益なものとなるからです。このことに関連して、私は頻繁に次の質問を教師にするようにしています。

「**自分自身がこのクラスの生徒になりたいか？**[5]」

共感できる教師は、教室の環境と学びの機会を、教師の視点ではなく生徒の視点から考えます。

図

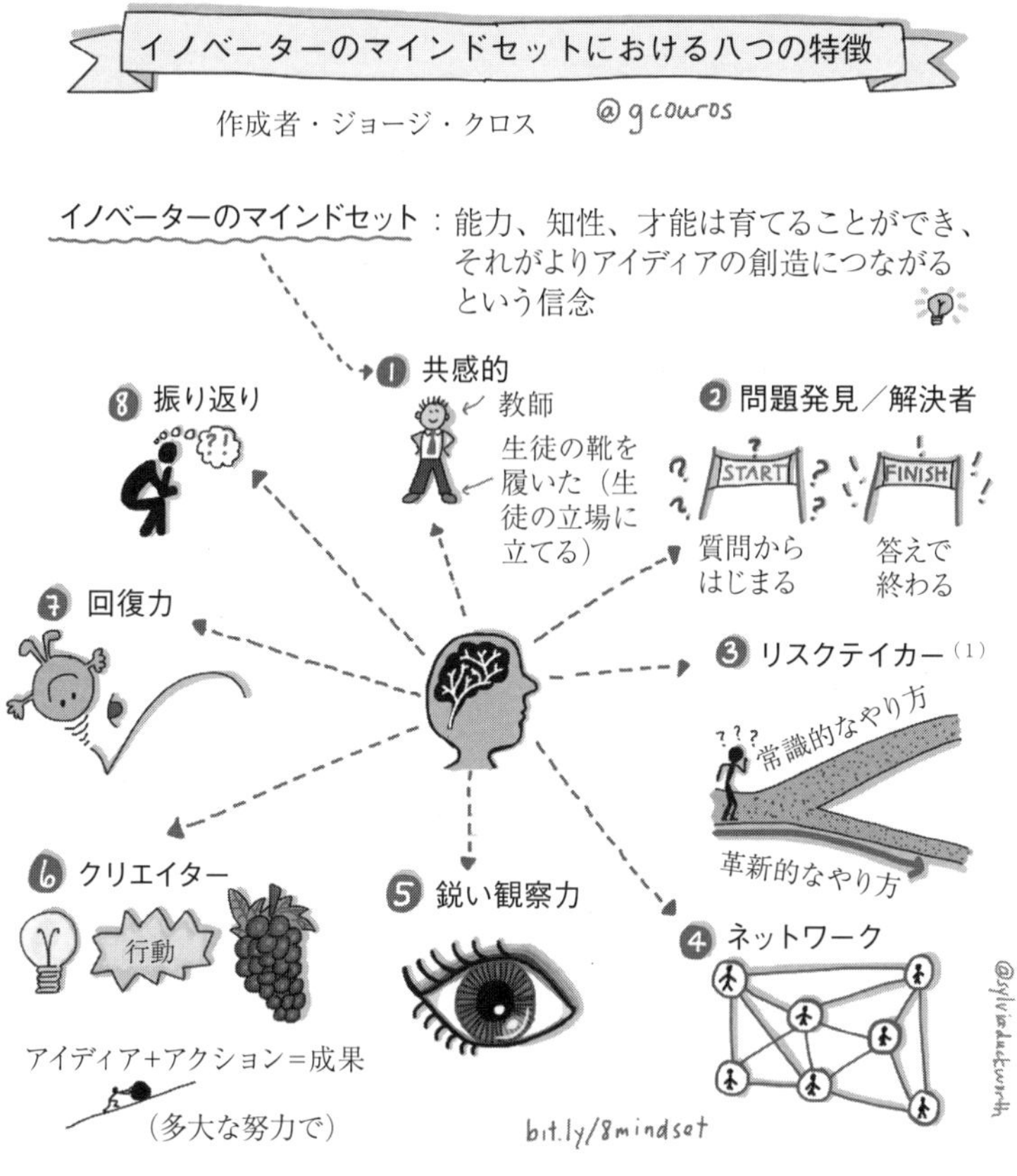

（1）リスクを負って、新しいことに挑戦する人という意味です。

たとえばリサは、これまでの指導方法では、意味のある形で学習内容を学ぶことができないと理解していました。すでに教える内容について彼女は精通しており、授業を行うことは簡単だったのですが、学習者である生徒にそのニーズや関心をもたせることはありませんでした。

それを改善するためにリサは、教室を教師中心から学習者中心に転換したのです。彼女は自分の役割を変え、経験の設計者（生み出す役）になりました。それによって生徒たちは、実際に自分自身で学習をつくり出したのです。

リサは、生徒たちとよりよい人間関係を築きたいと思っていました。また彼女は、何人かの生徒がメディアの作成方法を知っていて、それを楽しんでいることも知っていました。しかし、その生徒たちは、その方法が学習効果を上げるものだとは考えていませんでした。リサは、彼らの興味と彼女が考える指導方法を結びつけることで、革新的な学びの体験を生み出したのです。

②問題発見／解決者

長年にわたって教師は、「問い」を生徒に提示してきました。それに対して生徒は、これまで特定の手順を単純に実行して、回答を見つけようとしてきました。しかし、現実の世界は段階的でも直線的でもありません。言うまでもなく複雑なものですから、時には面倒な解決策が必要となります。

実際の問題を解決するためには、いくつかの試行と反復が必要な場合がありますし、時には複数の正解すらありえます。しかも、問題を解決することは学びの一部でしかありません。新しい教育思想のリーダーであるユーアン・マッキントッシュ（Ewan McIntosh）は、「問題を見つけることは学びの大切な一部である」と指摘しています。要するに、私たちが生徒に問題を提示してしまうために、本来生徒自身が見つけなければならないことを丸ごと経験できないでいるということです。

現在、世界の教育システムでは問題解決学習がもてはやされていますが、それは間違ったことに執着していると言えます。多くの教師は、生徒がよりよい「問題解決者」になる手助けをする方法を考えているわけですが、私たちが考えているのは「問題発見者」となる世代をどのように育てられるかということです［参考文献４］。

リサのアプローチには、問題発見に必要な要素を見ることができます。彼女は生徒が深い学びを経験していないことを理由として、誰かに別なやり方を工夫するように言われたわけではないのですが、指導方法の何かが間違っていると感じました。そこで彼女は、課題や問題を解決する方法として、ビデオ制作だけでなく、生徒が興味をもつ方法を自由に選択できることにしました。

（５）　四〇ページの質問を思い出してください。

さらに彼女は、生徒自身に、プレゼンテーションの作成方法を学ぶことにも挑戦させたのです。自発的に学んだり、自らの学びを継続的に評価して改善できるようにするために、モデルを示しながら教えることによって効果的な学び方の習得を彼女は助けました。教師は、生徒に学ぶ方法を説明するのではなく、「寄り添う案内役」として行動することで、生徒自らが解決策を見いだせるようにサポートすることができるのです。つまり、問題を見つけることは学習の大切な一部なのです。

時には、教師が先頭に立って導かなければならない場合もあります。日常の授業では、教師が生徒の傍らにいてアドバイスをしたり、生徒から離れて、自ら学ばせたりすることによって学びの体験は改善されていきます。このような場面での教師による生徒へのアプローチは、生徒のニーズに応じて適切に変えるべきです。これは、教室にいる多様な学習者との関係を構築する際において基本となります。

③リスクテイカー

革新的な教え方と学び方にはリスクが伴います。学習者のために提供する新たな機会を考え出す場合、私たちが試みるものすべてが常にすべての学習者にうまく当てはまるわけではありません。それゆえ、私たちが試みる「最善の実践」が、生徒にとっては役立たないこともあります。

生徒の未来に影響を与えるかもしれないことであるにもかかわらず、なぜ私たちは教室でリスクを選択するのでしょうか？　答えは質問のなかにあります。つまり、一人ひとりの生徒のニーズを満たすためにはリスクが必要だからです。

ある特定の学び方にうまく反応する生徒もいれば、異なる学び方や型を必要とする生徒もいます。生徒一人ひとりのために最善のアプローチを見つけようとする際にリスクを冒さないということは、新しいことを試すよりも楽なことでしょう。しかし、現状に固執することは、生徒にとってはあまり利益にならない結果をもたらすことになります。

新しいことに挑戦する際のリスクを考えるなら、うまくいかないと分かっていることに挑戦すべきではありません。しかし、たとえ「最善の実践」であったとしても、そのことに疑問をもつ必要があります。

リサの場合、オーバーヘッドプロジェクターを引き続き使用していたかもしれませんし、生徒の一部は、以前の評価の仕方でうまくいっていたかもしれません。しかし彼らは、それによって本当に概念と、それをどのように応用するかについて深い知識を得ることができたでしょうか？　それとも、彼らは単に知識をおうむ返しに言うことを学んだだけ

教師が生徒に問題を提示してしまうために、本来生徒自身が見つけなければならないことを丸ごと経験できないでいる。

なのでしょうか？

多くの場合、私たちは、生徒たちを「学校ごっこ」に慣らしているだけなのです。生徒たちは、初めから制御された環境に慣れることによって教育を受けたり、評価されたりすることを望んでいるわけではありません。好奇心をもった幼稚園時代や、学校に通いはじめた時期の様子を思い出してみてください。私は、すべての生徒がワークシートを用いた授業などは望んでいなかったと確信しています。私たちが、そのようなやり方に生徒たちを慣れさせているだけなのです。

生徒たちに対して、あるいは現在と未来のリーダーと学習者に成長する人たちに対して本当にサポートしたいのであれば、私たちの実践に伴うリスクは必要不可欠なものとなり、奨励されるべきものと言えます。

革新的なマインドセットをもつ教師は、新しいものに挑戦したいという意欲をもつと同時に、それを活かすための実践をしたいと思っています。アップルは偉大なコンピューターをつくりました。現在も同社のビジネスの大部分を占めています。同社のリーダーたちはiPhoneをつくることで危ない橋を渡りたくないと思っていましたが、それが今では、アップルにおける最大の業績となっているのです。そのようなリスクがさらに、App Store、iPad、Apple Watchなどの商品を生み出しています。

同様に、リサの生徒が経験した成功は、より革新的なアイディアを導入するために彼女が冒したリスクによってもたらされたものなのです。重要なことは、「学習者のニーズを満たすために、この授業をよりよく教える方法はあるのだろうか?」と絶えず問い続けることなのです。

④ネットワーク

ネットワークはイノベーションにとって重要です。「CIO.com」(6)のライターであるトム・カネシゲ(Tom Kaneshige)は次のように語っています。

「すべてのアイディアは、根本的にアイディアのネットワークです……あなたが予期せぬ発見を可能にする環境をつくり出すと、『革新的なアイディア』が生まれやすくなるのです」[参考文献5]

人々が積極的にアイディアを共有する空間では、よりよいアイディアが生まれます。ハリウッドに集まる俳優たち、ナッシュビルに行き着くカントリー歌手、またはシリコンバレーにIT企業を立ち上げたばかりの人々を思い出してください。一つの地域に同じような関心をもつ多くの人々が集まるネットワークでは、イノベーションがほぼ同時に起こるのです。

(6) ボストンで一九八七年に設立されたIT関連の最新ニュースを提供する情報誌です。現在は、すべてがディジタル化されたサービスとなっています。

対面によるネットワーキングは教育においても依然として重要であり、価値がありますが、今日、ソーシャルメディアはアイディアを広める場を提供しています。著名な教育分野の講演者であり、作家のスティーヴン・エンダーソン（Steven Anderson）は、「私たちは一人でももちろん賢明なのだが、一緒になることでさらに素晴らしいものとなるでしょう」と述べています。

ネットワーキングのパワーは、アイディアを共有し、思考を明確にし、新しくてよりよいアイディアをつくり出すことなのです。

生徒が学校に通ってくるとき、私たちは彼らの学びに大きな利点がもたらされることを知っていますので、「あなたたちは、もっと学びを共有する必要があります！」と伝え続けています。このアドバイスを採用さえすれば、みんなうまくいくはずです。私たちが具体的にできることの一つはブログを活用することです。もし、あなたが「自分は作家ではない」と思っているなら、次のことを考えてみてください。

私が世界規模でほかの人とアイディアを共有する機会があれば、あなたは共有したいと思ったことをより深く考えることができます。クライブ・トンプソン（Clive Thompson）が書いた雑誌「Wired《ワイアード》」の記事に「最悪のブロガー（ブログを書いている人）でさえ私たちをよりスマートにする理由」という見出しのものがありますが、そこでは、読み手がいることがいかに学びを深めてくれるかについての説明がされています。

聴衆がいることによって思考を明確にすることができます。あなたが、頭の中で議論に勝つことは簡単です。しかし、あなたが本当の聴衆を前にするときには、その話に本当の意味での説得力がなければなりません。

社会科学者は「聴衆の効果」と呼ばれるものを発見しました。それは、人が見ていると分かっているときに、パフォーマンスのレベルが変化するというものです。常によくなるわけではありません。スポーツやコンサートのようなライブの場面では聴衆の効果によって選手やミュージシャンのパフォーマンスが向上する場合もありますが、時には、彼らを失敗させるようなこともあるからです。(7)

しかし、研究によると、他人とコミュニケーションを取る努力によって、もっとさまざまなことに注意を払い、よく学べることが分かっています。［参考文献6］

教師が協力して新しい方法を考え出して実践するとき、イノベーションと楽しみは実りの多いものとなります。逆に、孤立はしばしばイノベーションの敵となります。

---

(7)『遊びが学びに欠かせないわけ』の第7章で、ここで扱われているテーマが掘り下げられていますので参考にしてください。とくに、教育者にとっては欠かせない情報が提供されています。

⑤鋭い観察力

リサとその生徒の例に戻りましょう。まずリサは、ソーシャルメディアを通じてほかの教師とつながりました。具体的には「hashtag #scichat」を検索して、科学に興味をもっているツイッター上の教師を見つけました。さらにオンラインで、生徒の意欲を高めることに関心をもっている教師たちがいることも発見しました。

しかし、生徒に「六〇秒以内の有糸分裂」ビデオを作成させるというアイディアは、そのネットワークではなく、「六〇秒間のツイッター」というビデオを観ることから生まれました。ネットワークから得られるもっとも貴重なものは、アイディアではなく、新しいものを試すことに対する意欲や決断なのです。

今日の教育のアイディアは、教育関係者のみからもたらされているわけではありません。多くの教師は、グーグルまたはTED《テッド》トークも含んだ数多くのユーチューブ動画からアイディアを得ています。起業家、ジャーナリスト、出版者であり、TEDの講演会を担当するクリス・エンダーソン[8]は、ウェブビデオの効果を「群衆加速イノベーション」[9]［参考文献7］と呼んでいます（第11章でさらに論じることにします）。クリスが、ケン・ロビンソン卿や四〇年の教師経験があるリタ・ピアソン（Rita Pierson）によって講演された教育方法を、オンラインビデオを活用して伝えたことで数百万人もの人に見てもらうことができたのです。

その影響は教育分野だけに焦点を当てている人々に留まりません。モチベーションについて話す作家のダニエル・ピンク（Daniel H. Pink）、知恵に対する考えを共有する心理学者のバリー・シュワルツ（Barry Schwartz）、内向的な力に焦点を当てる弁護士でもある作家のスーザン・ケイン（Susan Cain）など、さまざまな分野の人々が世界中の教師に大きな影響を与えました。

効果的なアイディアと自由なオンラインによって共有される情報を結びつけることで、教師は生徒の学びの可能性を広げることができます。ジョシュ・スタンペンホースト（Josh Stumpenhorst）はまさしくそれを実践した教師の一人です。ジョシュは、モチベーションと自律性についてのダニエル・ピンクのＴＥＤ《テッド》トークを見て、その本を読んだあと、生徒が自分のアイディアやイノベーションを提案して取り組む「イノベーションの日」をつくりました。その試みは見事に成功し、土曜日にジョシュの生徒は学校

> ネットワークから得られるもっとも貴重なものとは、アイディアではなく、新しいものを試すことへの意欲や決断です。

（８）（Chris Anderson）イギリス人の起業家であり、非営利団体「ＴＥＤ」の代表者でキュレーターです。イギリスのメディア企業／ディジタル出版社 Future Publishing の創業者でもあります。

（９）（Kenneth Robinson）現在はアメリカに住んでいるイギリス人の能力開発・教育アドバイザーです。

に行ってそれを学び続けました。

ジョシュが教育以外で共有されているアイディアから学んでも、そのアイディアを生徒のニーズに結びつけていなかったら、そのような効果的な学びの機会をつくり出していなかったかもしれません。教育イノベーションの文化をつくり出し、世界中の人々とアイディアを共有することによって、学校以外の組織がイノベーションのアイディアを得るために学校を参考にしてもらうことが私の夢です。

ひらめきは至る所にあり、しばしば予期せぬ場所にあるものです。ただ、そのことに注意しておく必要があります。

（作者不詳）

⑥クリエイター

誰でも情報を消費することはできますが、それは学びとは言えません。「加速学習センター」(10)は次のように述べています。

学びはつくり出すことであり、消費することではありません。知識は、学習者が吸収するものではなく、学習者が作成するものです。学びは、学習者がすでにもっているものと、新しく出合った知識やスキルとが響き合い、新しく何かが生まれたときに起こります。学びは文字どおり、新しい意味、新しい神経回路のネットワーク、そして、脳／身体全体のシステム内の電気化学的相互作用が新しいパターンをつくり出すことです。［参考文献8］

リサにとって教室でのもっとも大きな変化は、教師中心の指導から学習者中心の創造へという転換でした。これまでの授業では、クラス内の多くの生徒が有糸分裂の理解をおうむ返しに言うだけだったり、みんなで確認したりすることはできていましたが、リサはその概念を本当に理解し、知識を保持してほしいと願っていました。何かをつくり出すことは、情報への個人的なつながりを深め、より深い理解をするための重要な鍵となりました。

こうしたつながりは、毎日学校で起こる必要があります。教えるという視点から、リサは新しいアイディアの創造に焦点を当てることによって、新しい内容と知識を生徒が創造することができたのです。「つくり出す」ということが非常に重要なのです。

膨大な量のディジタル情報源や情報にアクセスするためには、消費ではなく、創造の文化を育むことが重要となります。生徒が自宅で何らかのビデオを観たり、情報源とつながったり、学校

(10)（The Center for Accelerated Learning）企業の社員を対象にした研修を実施している団体です。

で「宿題」をしたり、意見交換をしたりするなど、生徒たちの間で「反転授業」の人気が高まっていることを考えると、創造のアイディアを追い求めることがとくに重要になります。

人から教えられたことでも、ビデオから教えられたことでも、講義は情報が消費されることになります。「反転」で、生徒がすでにあるビデオを観る代わりに、自分たちが理解する必要のある内容を紹介できるようにビデオを作成してはみてはいかがですか？　「創造」が教師と生徒の学びにおいて確実に行われるものであったとき、どの程度深い学びが可能になるでしょうか？

⑦回復力

私は、「それができないと言う人は、それをしようとする人を妨害すべきではない」という中国の諺が大好きです。もしそうならば、革新的な教師の人生はどんなに楽なものになるでしょうか！　イノベーターのマインドセットをもっている人にとって、日々の仕事が常に新しいものへの挑戦となるので、絶えず問われ続けることになるでしょう。未知のものがたとえ大きな可能性を秘めていても、未知のものを扱うよりもすでに分かっている平均的なものを扱うほうがほとんどの人にとってはより心地よいものです。

イノベーターは、「不要なものを捨てようとして、大切なものまでもなくしてしまってはいけない」というような考え方による抵抗に遭うことでしょう。このような意見は、前進することに不安を感じる人たちのいい訳でしかありません。それを念頭に置いても、また拒絶反応を示す場合であっても、イノベーターは前進していかなければなりません。

同僚たちには、リサが前例を破ることに対して疑問を呈するかもしれないという危惧がありました。また、学校の管理職は、多くの生徒がすでにそれを利用していたり、ほかのソーシャルメディアのプラットフォームを利用していたとしても、生徒がユーチューブで課題を共有することについては懸念をもっていたかもしれません。

人は、新しいものや異なるものに対して身の危険を感じるものです。私が学んだことの一つは、「学習者にとって最善のものは何か？」という質問に焦点を当てて考えたとき、前進することで正しい判断を下すことが可能になるということです。

同僚の心配をよそに、あなたは生徒から新しいアイディアを否定される場面に直面するかもしれません。先に述べたように、多くの生徒はこれまでの学校のやり方に慣れているため、伝統的な教育の枠外にある、あなたのプロジェクトに恐れを抱くことになります。

学校は、生徒に対してチェックリスト（完璧な宿題、テスト、ルーブリック、卒業要件など）を要求するという簡単な場になっています。多肢選択式テストとは対照的に、創造力と概念というパワフルなつながりに焦点を当てた学びは、より多くの努力を要するだけでなく、より多くの時間も必要とします。

　しかし、生徒を新しい学びの経験に挑戦させなければ、生徒を現実の世界に向かわせるだけの準備も心構えももたせることができません。たとえそれが決定的なものではないにしても、生徒の意見に耳を傾けることが重要です。また、生徒が回復力を身につけたり、困難に直面した場面で教師が援助したりすることも同じく重要となります。

　学校という環境は、生徒の思考を広げることに挑戦し、励ますために最適な場所であると同時に、彼らが挑戦して失敗し、またやり直すことのできる安全な場所でもあるのです[11]。

　回復力はイノベーターにとって必要不可欠な特性ですが、それはすべての人間が身につけるべきスキルでもあります。人生は浮き沈みでいっぱいなのです。失敗から回復し、前に進むことは、どのように学び、どのように生きるかという点でとても重要となります。あなたが革新的なアイディアで常識の限界を突き進むときには、信念と情熱をもち続けてください。あなたが自らのアイディアを信じないで、なぜほかの人がそれを信じることができるでしょうか？

　あなたが自分のアイディアを信じないで、ほかの人がそれを信じることはありません。

⑧振り返り

イノベーションだけでなく教育においても、我々はもっと振り返りに注意を払う必要があります。振り返りは、イノベーションにとって重要なプロセスとなります。振り返りによって、「何がうまくいったのか？　いかなかったのか？　私たちは何を変えられるだろうか？　どのような質問が前に進むのに役立つだろうか？」といった貴重な質問が生まれ、そこから「学び」がもたらされるのです。

私たちが努力、進歩、プロセスに疑問を抱くことは、イノベーションにとって重要なことです。どのような場面においても学びを再検討することで、私たちは微調整、修正、繰り返し、あるいは再発見することができる領域を見つけることが可能となるからです。後ろを振り返ることは、前を向くために不可欠なのです。また、振り返りは教師間のつながりをつくり、学びを深めるためにも役立ちます。

教育が行われるなかで、すなわち実際の学習において、どのくらいの頻度で振り返りを行っているでしょうか？　私たちの教育委員会には、「ひたすら読む（Drop Everything and Read）」(12)

(11)　残念ながら日本の場合、多くの学校環境はそのようにはなっておらず、単なる正解あてっこゲームを繰り返す場であり続けています。どのようにしたら、挑戦や失敗ややり直しが当たり前となる場にすることができるでしょうか？

のバリエーションを採用している学校がたくさんあります。これは、生徒が情報を読み込んで、それを消費するように促すといった考え方に基づくものです。

しかし、生徒や教師に対して「すべてを取り入れて振り返る」ことに焦点を当てている学校はほとんどありません。私たちが学んだことと、それが次のステップに影響することを考えるための時間を毎日ほんのわずかでも取ることができれば、想像以上にインパクトのあるものとなるでしょう。

イノベーターのマインドセットが生徒にどのような影響を与えるのか？

イノベーターのマインドセットをもった教師がいない学校で、生徒がイノベーターになることはないでしょう。これらの特性と「箱の中（制約があるなか）」のイノベーションを実践する意欲を生徒にモデルとして示すことなく、どうして生徒はイノベーターになることができるでしょうか？　当然のことながら、彼らが実践することはないでしょう。

私たちは、生徒のイノベーションを制限することはできません。教室でさまざまな方法を駆使するなかで、私たちの筋書きどおりに生徒を導こうとしても、それは生徒のためにはなりません。そのような場面で私たちにできることは、生徒のイノベーションにかかわってみたり、そっとしておいたりすることです。つまり、いつでも生徒にあった学びの機会が得られる環境を整えておくことが不可欠だということです。

ユーチューブやバイン（Vine・動画共有サービス）のようなソーシャルメディアのプラットフォームを見ると、私たちの若いころには想像もできなかったことを生み出す生徒を目にします。これらの驚くべき作品を見ると、学校との関係があろうがなかろうが、これらの生徒が革新的なアイディアをつくり出し、発展させているように思われます。私たちの役割は、生徒が学びとリーダーシップに責任をもつイノベーターであると理解できるようにエンパワーすることです。

私たちがモデルとして示すことだけが、生徒から得られるものです。

ジミー・カサス(13)

リーダーとして同じことをし続けている教師が、他人に対して「イノベーターであるべきだ」などと言うことはできません。共感、問題発見と解決、チャレンジすること、ネットワーキング、観察、創造、回復、振り返りなど、私たちが教師や生徒に求めている特徴はすべての仕事に反映

---

(12)　朝の読書もこの一形態です。
(13)　(Jimmy Cassa)　一四年間、アイオワ州ベッテンドルフの公立高校の校長を務めて全国的に有名になりました。現在は、大学の客員教授やコーチをしています。

されるはずです。

校長として私は、前任の校長がやったことを単純に引き継ぐことはしませんでした。その代わりに、私は絶えず「校長として、このコミュニティーに存在し続けたいだろうか？」と自らに問い続けました。このような共感的なマインドセットから出発したことで、教師の視点を肝に銘じておくことができたのです。

私には、前任の管理職から引き継いだたくさんのことがありました。しかし、そのなかで、教師として嫌っていたものは引き継がないことにしました。私が嫌いなことを、教職員が楽しむはずがないからです。

リサとかかわることで、教師は変化に怯えていないことが分かりました。しかし、リスクを取ることに関しては、最初から支持していたわけではありません。管理職は、支持があることと支持されていると思えることは、まったく違うということを理解する必要があります。

また、管理職の多くは、自分でチャレンジすることを拒否しながら、教職員にはしばしばそれを奨励することがあります。校長が、単に個人的にリスクを取ることと、「公開でリスクを取ること」とは違います。後者の場合、教職員はあなたがイノベーターになるために、いつもと違うやり方をしていることに気づくでしょう。

管理職が誰にも分からないリスクを取った場合、誰がそこから学ぶのでしょうか？　おそらく、誰も学ぶことはできないでしょう。チャレンジして行動したり、失敗したり、やり直したりするすべてのプロセスをほかの人に見てもらえるようにすれば、その人の役割が何であれ、何かを変更することに影響を与えやすくなります。

新しい考え方

本章を書く準備のために、私はリサともう一度コンタクトを取りました。彼女は、「考え方の変化が、自分と生徒のすべてを変えた」と言っていました。自分の教え方を修正するうえにおいて必要だったことは、何か新しいことを実践して成功するという一つの機会でした。これは重要な教訓です。イノベーションはすべてを変える必要はなく、一つのことを変えるだけで十分なのです。その経験は、新しくてよりよい学習の機会につながる可能性を高めます。

前進するために

本章を閉じるにあたって、私が「**革新的な教師の信条**」と呼んでいるものを紹介します。

私は教師です。

私はイノベーターです。

私は革新的な教師であり、「学習者にとっての最善は何か?」と問い続けています。この共感的なアプローチで、私は学びの体験をつくり出し、設計するのです。

自分の能力、知性、才能を発展させて、新しくてよりよいアイディアをつくり出すことができると信じています。

教育にはさまざまな障害があることを認識していますが、イノベーターとして、今日可能なことと、明日に向かって進めることに焦点を絞ります。

私は、今日利用可能なツールを利用し、自分の考えを成長させ、発展させ、共有するための新しくてよりよい方法を模索し続けています。

どこで改善できるかだけでなく、すでに強みとなっているところにも焦点を当てます。私は、自分自身や他者のなかでその強みを伸ばすことを目指します。

すでに知っていることを踏まえますが、自分に枠を設けません。私は新しい学びを受け入れる意欲があり、前進するために役立つ質問をし続けています。

考え方に疑問をもち、アイディアに挑戦し、「これはいつものやり方だ」という言い訳を受け入れません。

私は、ほかの人に求める学びとリーダーシップをモデルで示します。リスクを冒し、新しいことを開発して試し、新しい機会を模索します。ほかの人に学びでリスクを冒すことを要求し、私も同じことをするとモデルで公然と示します。

孤立がイノベーションの敵であると信じています。私は他人から、自分や他人のためによりよい学習機会をつくることを学びます。

私は地元や世界の人々と交流して、すべての人々や領域のアイディアを取り入れます。それらのアイディアを私の専門的な判断を踏まえて利用して、コミュニティーの学習者のニーズを満たすように応用します。

私は自分の考えや経験と、他人の考えや経験を信じています。これは教育を進めるうえで重要なことです。

自分がつくり出した学びと自分が経験したことはほかの人を助けることになりますので、情報を共有します。私は自分の考えを推し進めて、世界中のさまざまな年代の人に影響を与えることを共有します。

私たちは、一人でするよりも協力したほうがはるかに効果的なことを知っていますので、さまざまな見方に耳を傾けて学びます。私はどんな人からも、どんな状況からも学ぶことができます。

そして、後ろを振り返ることが前を向くために不可欠であることを知っていますので、積極的に自分が学んだことを振り返ります。

私たちすべてがこのマインドセットを受け入れたならば、教育がどのようなものになるのかと想像してみてください。

話し合いのための問い

❶自分の学びの経験を変えるために、どのようなチャレンジ（挑戦）をしますか？
❷チャレンジすることを促進する環境を、どのようにしてつくり出すことができるでしょうか？
❸あなたが現在行っている学びと仕事において、イノベーターのマインドセットをどのように示しますか？

第2部

基礎を築く

第１部では、イノベーションがなぜ重要か、それが何を意味するのか、それがどのようなものなのかについて説明しました。このビジョンは極めて重要なものですが、行動が伴わなければほとんど意味はありません。

第２部では、あなたの学校や教育委員会における学習とイノベーションの文化をつくり出すための条件づくりに注目します。まず、組織のなかで強固な信頼関係を築く方法を見ていきますが、それがなければ何もできません。

次に、イノベーターになるためにリーダーが継続的な学習者でなければならない理由について説明します。そして、エンゲイジメント（夢中で取り組む）からすべての学習者の利益となるエンパワーメントへの移行を検討します。

最後に、あなたが学校コミュニティーとともに学び合うための共通ビジョンを一緒に作成することを奨励します。協働することで、私たちはすべての学習者にとってよりよい機会をつくり出すことができるのです。

第4章 関係、関係、関係

私たちには、人への気遣いを最優先にする組織を増やす必要があります。リーダーとして、仲間を守ることが私たちのもっとも重要な責任であり、それによって従業員は互いに守り合い、ともに組織を進歩させることができるのです。

リーダーが従業員やグループのメンバーを大事にしてくれないときは、自分たちでお互いを大事にする勇気が必要です。そうすることで、自分たちが望んでいたリーダーになることができるのです。


（サイモン・シネック）[1]［参考文献1］

あなたも、次のような経験をしたことがあると思います。

ある会社に不満のある人は、フリーダイヤルに電話をして、誰かと話をすることによって問題を解決しようと考えます。「ゼロ」を押すと、録音されたオプションを無視して生身の人と話すことができます（イライラしているとき、誰も機械の声を聞きたいとは思わないでしょう）。しばらく電話口で待っていると担当者につながり、あなたの問題（悩み）を聞いてもらうことができます。担当者は「お手伝いしましょうか」と言うのですが、同時に、その問題を解決できるのは「マネジャーだけです」とも告げます。電話の相手が担当者からマネジャーに代わるまでの間、あなたは再び待つことになりますが、その時間が長ければ長いほどストレスが増していきます。しかも、その間に問題解決への期待は減少し、落胆する気持ちが増大していくのです。結局、あなたは、ほかの会社に鞍替えができるなら、そうすることになるでしょう。

このような話は、あまりにも一般的なシナリオと言えます。顧客を扱う人々には、不満をもっている人を助けるだけの力は与えられていません。それは、顧客を扱う人の問題ではなくリーダーシップの問題なのです。このような企業の場合、「顧客サービス担当者」に正しい判断ができるとは思えません。

幸いにも、社員の能力を高めることの大切さをリーダーが理解している企業もあります。最近、私はスターバックスに行き、そこで本書の原稿を書いていました。そして、「プロテイ

（1）（Simon O. Sinek）イングランド出身のモチベーションコーチ、コンサルタント、著述家、講演家。「人々をインスパイアする方法」を伝授してきたアメリカで人気のコンサルタントです。

ンボックス」（弁当）を一つ注文しました。卵を一口食べたのですが、それは私の好みにまったく合わないものでした。そこで、私はすぐにカウンターに行き、そのことを説明したのです。すると、カウンターの従業員（マネジャーではありません）は代金を払い戻し、無料で代わりのものを出してくれました。とても些細なことですが、私の問題は解決し、その会社に対する信頼を再確認することになりました。

スターバックスの従業員は、仕事における責任を自分で自由に取ることができるのです。それが頻繁に通う理由の一つであり、スターバックスが一貫して最高の職場としてランクインされている理由の一つでもあります［参考文献2］。しかし、これがイノベーションとどのように関係しているのでしょうか？

その答えは、すべて、です。常識的な決定ができると思われていないで、どうして革新的になることができるのでしょうか？

リーダーシップの専門家であり、『スピード・オブ・トラスト』（キングベアー出版、二〇〇八年）の著者であるスティーブン・コヴィーは、ビジネスにおける信頼性の欠如がその実行に大きな影響を与えることについて説いています。彼のメッセージは教育にも適用されるものです。

> 教育におけるもっとも重要な三つの言葉は、関係、関係、関係です。それがなければ、私たちは何もできません。

企業や人間関係において信頼性が低ければ、すべての取引において余分な経費が課せられることになります。すべてのコミュニケーション、あらゆる交流、すべての戦略、すべての決定に経費が加算されることになり、スピードが落ち、コストが上がります。私の経験によれば、重大な不信感はビジネスコストを倍増させ、事態をうまく進めていくためにかかる時間を三倍にします。

対照的に、高い信頼を得て運営してきた個人や組織は、経費とは逆の業績倍率のような「配当」を経験し、コミュニケーション、インタラクション（触れ合いとかやり取り）、意思決定を成功させます。ワトソン・ワイアット(2)の最近の調査によれば、高信頼企業は低信頼企業を三〇〇パーセント近く上回るパフォーマンスを示していると言います。［参考文献３］

教育のリーダーとしての仕事は、生徒をコントロールするのではなく、彼らの才能を伸ばすことです。教育においてイノベーションをするためには、信頼がベースにある文化をつくり出す必要があります。教師が教室において同様の文化をつくり出すことを望むなら、組織の最高レベル

（2）（Watson Wyatt）組織・人事、退職金・年金、年金資産運用、報酬データサービス、保険コンサルティングを提供しているコンサルティング会社です。

でモデルが示される必要があります。

場合によっては、リーダーが教師の信頼を獲得する前に、リーダーが教師を信頼する必要があります。とはいえ、あなたがその人とつながっているのであれば、その人を信頼することはかなり簡単です。教育のリーダーとして、あなたの役割と学校や教育委員会における信頼のレベルについて考えるとき、以下の質問について考えてみてください。

- 人々は頻繁に許可や指導を私に求めているか？

- リスクを取ることが奨励されるだけでなく、期待される環境をつくったか？

- 学校が組織内外の人たちのために行っている素晴らしい仕事を、私たちはどのようにして伝えているか？

これらの質問はイノベーションに関するものですが、「イノベーションの文化」をつくり出すうえでも重要となります。実際、イノベーションには関係性が不可欠であり、私がいつもあなた方にお話している、教育における三つの重要な言葉だからです。関係、関係、関係――これがなければ私たちは何もできません。

イノベーションを台無しにする力

テキサスの革新的な幼稚園教師であるマット・ゴメスは、二〇一〇年に個人のフェイスブックページを作成し、教室の出来事を園児の保護者と共有しました（のちに、私にもアクセス権が与えられました）。今日では、この教師の取り組みは革新的とは言えないでしょう。現在では、ソーシャルメディアを通じてコミュニケーションすることは多くの教師にとって当たり前のことだからです。しかし、当時は、幼稚園の先生がこの媒体を使って保護者とつながり、実際に保護者たちに納得してもらうというケースは稀なことでした。

マットは私に、「当たり前のことだけど、新しいことを試したとき、最初は何人かの保護者が嫌悪感を示しました」と語りました。しかし、保護者たちはマットを信頼したのです。年度末までに、保護者たちは教室で起こっている出来事を見ることが大好きになっていました。以下に紹介するのは、クラスのフェイスブックページにおいて、保護者から受け取った素晴らしいコメントの一部です。

――「ちょっとこれを見てください。鳥肌が立ちますよ。私たち家族がジュリーの学校生活の様(3)

子を知ることができることに感謝したいですね。ジュリーには素晴らしい先生がいて、素晴らしい教育のスタートが切れたことは、願いが叶ったようなものです」

「ゴメス先生、私は初めて幼稚園児の保護者になったので、子どもが学校で終日どのように過ごしているかについて非常に心配していました。あなたのフェイスブックページによって、娘の学習の様子と、その成長に満ちた楽しい一日を過ごしている様子を見ることができ、私は安心しました。また、ここに掲載された授業によって、今日一日の出来事に対する子どもの答えとして『何もなかった』という日常的なやり取りに終始せずにすみ、感謝しています。子どもたちが何をしたのかを知ることができたおかげで、その授業やクラスのプロジェクトの発展などに家で取り組むこともできます。あなたが子どもたちや私たち保護者のためにしているすべてのことに感謝します。次の学年では、フェイスブックで子どもたちの様子を見ることはできないでしょうね……」

「一年生の先生もフェイスブックのページをもっていればいいのですが……」

とても説得力があります。注目してほしいのは、保護者の認識が「心配」から「賞賛」に変わったことです。マットがチャレンジした行動が報われたのです。

彼は、非常に意味のある方法で保護者たちとつながるためにこのツールを使いました。幼稚園児の保護者たち（これまで学校に子どもを通わせたことのなかった保護者もいました）は大きな安心感を得ました。さらに保護者と教師は、協働して（ファイスブックというスペースに一緒にいました！）信頼関係を築き、教室の新しい試みについて学んだのです。それらはすべて、生徒に対しての肯定的なディジタル・アイデンティティーのモデルとなっています。

残念なことにマットは、管理職から「もうこの活動をしないように」と求められました。そこでマットは、園児の保護者たちに次のように説明したのです。

私のクラスのフェイスブックページは今週で閉鎖されます。教育委員会がそれを支持しておらず、閉鎖しなければならないと言われたからです。私は、このようになるかもしれないことが分かっていました。これが、許可を得ることなく、未知のものを試したことに対する結果です。

私は、この日のために備えていました。フェイスブックのページは大成功でした。みなさんに接するためにもっとできることが私たちにはあるのだということを示す、私の目標は達成しました。実際のところ、そのページの成功が閉鎖につながったのです。

（3）　北米の多くの学校では幼稚園の年長組を併設しています。

私が一緒に働いている素晴らしい先生たちもこのツールを使いたいと思っているのに、何人かの保護者が、「なぜ、私一人がそれを使用しているのか」と尋ねました。校長にはその状況に対処する必要が生じてしまい、その最終的な解決策が閉鎖ということでした。

最高レベルでの公平性

学校の管理職が懸念したことの一つは、マットがやっていたことが大成功だったために、ほかの教師たちに大きな圧力をかける恐れがあるのではないかということでした。何年も前に、別の教師が同じような話として、「ブログ」と呼ばれる新しいものを試してみたいという話をしました。その教師は校長に、それを試してみることができるかどうかと尋ねましたが、返事は「ノー」でした。その理由が何かというと、その試みが成功すれば、ほかの先生全員がそれを行うことを期待されてしまうと、校長は懸念をしたのです。

何ということでしょう！

少なくともこの二つのケースに対する管理職は、多くの教師が心で思っていながら口に出さないことをあえて口にしました。お分かりでしょうか、管理職を動揺させることはそれほど難しいことではありません。管理職が恐れるのは、何か事がうまくいくときなのです。何かがうまくいくと、ほかの教師もそれを行うことができると期待されるため、管理職の仕事が増えてしまうということなのです。

革新的な取り組みに関してしばしば聞かれるもう一つの懸念は、新しいプログラムやアプローチがより優れた学びの機会、つまり別の環境では提供されない機会を生み出す可能性があるということです。生徒にとってもっとよいものを提供することが教師の最大の関心事であるならば、機会の公平は、最低レベルではなく最高レベルで作成されなければなりません。

「ノー（いいえ）」の力と「イエス（はい）」の文化

問題なのは、何らかの理由でイノベーションを否定されれば、将来、新しいことを試みようとするときに消極的になるということです。教師の考えは、「自分の教室やほかの教室で学ぶことに影響を及ぼすような教え方が許可されなければ、学校全体のニーズを満たすことなどあり得ない」というものです。換言すると、「自分のアイディアは重要ではない」と思ってしまうということです。そして、イノベーションを抑え込む効果が野火のように広がってしまいます。

新しいことを試してみようとする誰かの行為が潰された、と聞いたほかの人たちは、それを機にイノベーションを提案しなくなります。新しいことを試みようとする人は、許可してもらうより、何かあったら「謝ればよい」という気持ちで物事に取り組みはじめるものです。しかし、もしこのような雰囲気が職場内にあるとすれば、その責任はリーダーシップをもつ人の問題となります。

アップル社の設立者の一人であるスティーブ・ジョブズ（Steve Jobs, 1955～2011）の言葉を引用すると、「賢い人を雇って、何をすべきかを教えても意味がない。私たちは、賢い人を雇って、何をすべきか教えてもらうようにしている」ということです。リーダーが部下にその都度指示をしたり、失敗をしないようにするために時間を費やしてしまうようであれば、時間を無駄にするだけでなく、部下たちの信頼を失うことになります。

従来のものを越えて新しいことを試してみようとしている人々の熱意を潰してしまうと、一つか二つ程度のイノベーションが学校に起こったとしても、最悪の場合にはイノベーションそのものに関心をもたないようになってしまいます。

その都度許可を求めながらイノベーターがイノベーションを起こしていたのでは、誰しも疲れてしまいます。そして、彼らは、創造性と情熱が発揮できる環境に移動してしまうでしょう。移動しないとしても、現状に満足しただけの生活を送ることになるでしょう。いずれの場合も、生徒も教師も独創性が奪われることになります。

教師のイノベーションを制限することは、結果的に生徒の学びの機会を奪ってしまうことになります。したがって、管理職には、すべての教師が互いに協力し、切磋琢磨できる環境をつくるための心掛けが必要となります。

そのようになるには、アイディアをオープンにして、一貫して共有していく必要があります（第11章「オープンな文化を受け入れる」で詳しく説明します）。失敗を恐れたり、途中であきらめたりしてはいけません。同じく私たち管理職は、教師との関係や教師相互の関係を構築するだけではなく強化し、メンバーの一人ひとりが組織にとって有用であることを意識できるようにしなければなりません。

私たちは、「ノー」という言葉を用いて教師を怠慢に追いやるのではなく、「イエス」という言葉を用いて「肯定の文化」をつくり出す必要があります。お互いに信頼関係で結ばれ、一人ひとりが尊重されている職場では、生徒や教師、そしてリーダーにとっても、思い切って物事を実践するときの危険性が低いように思えます。つまり、すべてのことに対して盲目的に「イエスと言わなければならない」ということではなく、「イエス」と言えればイノベーションを起こす方法を見つけることができるということです。

生徒にとってもっともよいものを提供することが教師の最大の関心事であるならば、機会の公平は、最低レベルではなく最高レベルで作成されることになります。

担任教師と学校教師

私が最初に教えはじめたときに同僚から、「仕事の情報を共有しあうことを期待するべきではない」と言われました。生徒のために数時間、数日、さらには数年かかってつくり出したものを譲り渡す、このことに消極的な教師がいます。幸運なことに、最初に同じ学年を担当した私の同僚は、すでに彼女が開発していたすべてのものを提供してくれました（ありがとう、マリーン！）。彼女の寛大さは私の大きな助けとなり、彼女が共有してくれていなければ、まったく違った結果になっていたと思います。

ここで述べる異なる見解は、担任教師と学校教師についてのことです。担任教師とは、教室内で素晴らしいことを行い、生徒とともに素晴らしい学びをする人たちです。一方、学校教師は、上記のすべてを行う人なのですが、特定の生徒が自分の学年にいるかどうかにかかわらず、学校のすべての生徒が自分とかかわりがあると見なしている人のことです。学校教師は、多くの生徒とつながり、異なる視点で生徒を知ることができる立場にいますので、生徒指導を雑用とは解釈せず、向上するための機会として捉えています。

また、学校教師は担任教師のアイディアを喜んで共有しようとします。もし、私が教室で革新的なことをしているなら、それを共有することは彼女の生徒にも利益をもたらすからです。もし、ほかの教師が私のやり方と同じように提案やアイディアを使用しなくても、共有しあうという単純な行為によって、私とほかの教師が行っていることを微調整したり、変更したり、編集して新しいものにすることでさらなる創造性をつくり出すことができるからです。

この協働の精神こそ、教師と管理職の両方が具体化すべき特性となります。私のメンターの一人で、パークランド教育委員会で長年校長を務めてきたデイビッド・ピセック博士(4)は、管理職の立場で私のキャリア初期に教訓を与えてくれました。

彼は、毎朝学校の玄関に立って、子どもたちと職員が建物に入ってくるときに挨拶をしていた、と私に語りました。教職員と生徒が、彼のこのルーティン（習慣）について何度コメントしたか数えることができません。校長によるこの小さな行動は、学校は生徒のためにあるということを明確なものにしました。

彼は毎朝、仕事としてではなく、好機であると考えて挨拶をしていたのです。そして、彼の行動は、すぐに学校の気風をつくり上げていくことになりました。その結果、教師たちは教室の外、つまり廊下にいる生徒とも仲よくなり、よい人間関係をつくり出しました。あなたが教育長、校

（4）　北米の管理職の多くは博士号をもっています。条件とは言いませんが、あったほうが有利に働くようです。

長、コーチ、教師である場合、あるいは学校内でほかの役割を担っているなら、生徒に関することで行っていることを人々に知らせてください。その行為が、学校の気風をつくり上げることになります。

変化は一人ずつ起こる

教職員における専門性の発達(5)は、グループ全体の共通理解をつくり出すための機会を提供することになりますが、全体は個人で構成されていることを踏まえておかなければなりません。

私は、すべての教職員が一緒に学ぶために、同じ本を配布したという学校で仕事をしたことがあります。このアプローチは、教師がまだ本を読んでいないこと、誰もがその内容に興味がもてること、そして誰もが進歩する必要があることを前提としていました。これは、あまりにも多くの前提と言えます。

異なる、より個別化されたやり方をしたらどうでしょうか？　伝説的なプロバスケットボールのコーチであるフィル・ジャクソン(6)は、個々人の強みを活かして勝利しました。それぞれの選手はチームの一部であるだけではなく、チームにとって重要な役割をそれぞれが果たしました。選手の個人的発達のニーズを満たすために彼が行ったことの一つは、チームの各選手に、変化のプロセスに寄与するであろうと考えた本を提供することでした。

個々の教職員のニーズや興味に合わせて、特定の資料を実際に選択できるようにするという方法は、個々の教職員のことを知っているという証明になります。各人の仕事やキャリアの目標を向上させることを手助けするだけでなく、より深いレベルで奉仕する人々について知り、配慮していく様子が分かるでしょう。それはまた、教室レベルや個々の生徒に対して、容易に実践できる態度をモデルとして示していることにもなります。

文化は、期待、相互作用、そして最終的には学びのコミュニティー全体の関係によってつくり出されます。しかしながら、それらの関係は常に一対一で構築されます。あなたは教職員とかかわる個人的な機会を投資として考えていますか？　それとも、経費として考えていますか？

あなたは、教職員とかかわる個人的な機会を投資として考えていますか？　それとも、経費として考えていますか？

（５）　日本では一般的に「教員研修」と呼ばれています。しかし、そのイメージは「やらされるもの」で主体性には程遠いものです。主体性（ownershipやagency）がないところで学びをつくり出すことは不可能と言えるにもかかわらず。同様のことは、生徒を対象にした授業にも言えます。したがって、根本的な見直しが必要なことを意味します。

（６）　(Phil Jackson）もっとも優勝回数の多いプロバスケットボールのコーチです。現役時代はＮＢＡの「ニューヨーク・ニックス」などでプレーしました。

いますか？

個人的な問題に悩んでいる人に耳を傾けて一〇分間を過ごすことは、リーダーシップの観点から言えば、相手が期待されている以上のことをやるだけでなく、忠誠心を涵養することになります。このような機会は、イノベーションの文化を育む関係構築のための投資なのです。

外科医であるとともに公衆衛生の研究者であるアトゥール・ガワンデ（Atul Gawande）[(7)] は、雑誌『ニューヨーカー』に掲載された記事「Slow Ideas」において、一対一のやり取りが何か新しいことを試してみたいという意欲を高める理由であると説明しています。

しかし、ＩＣＴと刺激を誘発するような諸プログラムだけでは十分ではありません。新しいアイディアの伝達と普及に関する著名な学者で、「イノベーター理論の提唱者」であるエヴェレット・ロジャーズは、「拡散は本質的に、人から人へと話をすることがイノベーションを広げる社会的プロセスである」と書いています。

確かにマスメディアは、人々に新しいアイディアを紹介することができます。しかし、ロジャーズは、彼らがそれをやるかどうかを決めるとき、彼らが知っていて、信用しているほかの人々のあとに続いていることを示しました。あらゆる変化には努力が必要であり、その努力をするための判断は社会的なプロセスなのです。

これは、営業担当者がよく理解していることです。私はかつて医薬品の営業担当者に、新薬の採用について、扱いにくい医師をどのように説得するのかと尋ねたことがあります。たとえどんなに説得力をもっていても、「証拠だけでは説得できない」と彼は言いました。そこで、説得する代わりに「七回面会する」というルールを適用したそうです。個人的に七回「面会」すれば、彼らはあなたのことを知るようになります。彼らがあなたを知ることになれば、あなたを信頼するかもしれません。

彼らがあなたを信じるなら、彼らは変わるでしょう。だからこそ彼は、医者の戸棚を無料の薬品サンプルで一杯にしました。そうすれば、部屋の隅から顔を突き出して、「あなたの娘さん、サッカーでのデビュー試合はどうでしたか?」と尋ねることができるようになるかもしれません。そして最終的に、「弊社が開発した新薬を見ましたか? 試してみませんか?」と言えるようになるのです。

この担当者が認識しているように、人間的な関係は抵抗を軽減することになり、変化をスピードアップさせる重要な力となります。[参考文献4]

---

(7)　この人の本はすでに四冊が日本語に訳されています。「PLC便り、とても参考になる他業種の試み」で検索すると、彼の本が教育にもどれだけ役立つかの一端が見られます。

この記事は、教師同士の学びをどのようにしたらいいのかについて、私の考え方を変えるのに役立ちました。カナダ・アルバータ州のパークランド教育委員会の課長として、二二校の学校と一万人以上の生徒をすでに抱えていますので、素晴らしいアイディアを素早く広げて発展させる方法を考えることは難しくありません。

大人数でワークショップ形式の研修をする際の課題は、私たちがどれだけ個別対応を図ろうとしても、参加者が望むものは提供できないということです。ビジョンを共有するために、大規模なグループセッションが必要な場合が確かにあります。しかし、A地点からB地点へと人を動かすためには、ガワンデが言及しているように、人間関係を構築するための定期的な機会をつくり、イノベーションを促進する必要があると私は信じています。

たとえば、教育委員会の課長として私はしばしば学校を訪問し、大学教授の勤務時間に相当する時間を過ごしました。一日を通して私は、一度に一人から三人の教職員と四〇〜六〇分のミーティングをもちました。これらの小規模なグループは、大規模で出席者全員に当てはまることを前提にして行われている教員研修では欠けることになる親密さをつくり出し、参加者をよりよい方法で知ることを可能にしてくれました。

それだけではありません。教師がお互いに知り合う機会もつくったのです！　ミーティングは自由な雰囲気で行われ、簡単な質問「あなたは何を学びたいですか？」に基づいて話し合いを調整しました。つまり、私が提供したいものではなく、学習者が望んでいたことに焦点を当てたわけです。

いくつかのミーティングでは、コミュニケーションを容易にするためのツールを紹介しました。ほかのミーティングでは、教える方法に関する「変化の哲学」について話し合いました。前述したように、各ミーティングは学習者である教師のニーズに焦点を当てていたため、予定されている議題はとくにありませんでした。

しかし、面談場所を後にしたとき、彼らは自分の言うことが聞いてもらえ、私が彼らのことを大事に思い、彼らの個人的な成功を気遣っているように感じ、自分にとって大切なことを学んだように感じたのです。このような「触れ合い」は、部門間および教師間の関係を構築するのに役立ちました。そして、この関係が学びとイノベーションにおける文化の基盤となったのです。

さて、あなたは、イノベーションの文化をつくり出すこの個人ベースのアプローチについて、とくに大規模な教育委員会では永遠とも言える時間がかかると考えているかもしれません。一人ずつ会うということは不可能と思えるかもしれません。正直なところ、あなたの考えは正しいと言えるでしょう。事実、私も同じことを考えました。そして、学校教育に携わるすべての教師と会うことが不可能であることも知っていました。しかし、私が気づいたことは、この一対一のミーティングがいかにイノベーションを加速させたかということです。

私が会った教師は、学びの経験を生み出すために私を頼っているのではなく、私と議論することで、同僚とアイディアを共有する手段や方法を理解し、その価値を知って自信をつけるということだったのです。

何人かの人が、学んだことをもとにして自分のミーティングを行いました。また、ある校長は、校内研修でこれまで何も紹介したことのない教師が、自分の学んだことや、それが生徒にどのような影響を与えているかについて「ほかの教師たちと話し合う時間をもちたい」と言ってきた、と私に教えてくれました。

私たちの仕事は、時には導火線のように、自信をつけさせてから好きなようにさせることです。いかなる学校や学校教育部門のイノベーションでも、個人に依存しているのであれば、それはバラバラに起こっているだけです。対照的に、学習者がリーダーになるようにエンパワーすることに焦点を当てれば、彼らはアイディアを広げることができるのです。時には、一人の人間をエンパワーすることがグループ全体を推し進めることにもなります。

> 私たちが有意義な変化をしたければ、脳につなげる前に心とつながらなければなりません。

前進するために

私たちが有意義な変化をしたいのであれば、脳（思考）につなげる前に心（感情）とつながらなければなりません。関係を発展させ、信頼を築くために費やす時間は、全体として前に進むために不可欠です。そのような文化がなければ、イノベーションの文化は生まれません。

それらはすべて、人々が気遣われ、サポートされ、育てられていくような環境をつくり出すことからはじまります。この状況は、私たちがよく知っている生徒の学びに影響を与えることと同じです。

ディジタル機器を利用した指導が標準である世界では、人間の相互作用がこれまで以上に必要となります。組織内のイノベーションを確実にするために必要となる三つの要素は、「関係、関係、関係」なのです。五〇年前、私たちの学校では人間関係がもっとも重要なものでしたが、それは今から五〇年後も決して変わらないのです。(8)

（8）　本章の内容にぴったりマッチした本があります。関係、関係、関係を強化するのに役立つ『好奇心のパワー』を活用してください。

話し合いのための問い

❶あなたの教育委員会、学校、教室では、一人ひとりとの関係をどのように構築していますか?

❷みんながチャレンジできるようにするために何をしていますか?　どのような具体例がありますか?

❸個々人の興味・関心に基づいて学びが起こる機会を、あなたはどのように学校でつくり出していますか?

第５章 学び、導き、イノベーションする

マネジメントにおいては五〇年や一〇〇年間イノベーションがなくても大丈夫なのに、私たちが人生のあらゆる場面でイノベーションを求めているのはどういうことでしょうか？

（ジェイミー・ノッター[1]）

私が子どものころ、両親はギリシャの家族に一か月に一度は電話をかけていました。言うまでもなく当時は、長距離の、とくに海外への通話料金は高価なものでした。『宇宙家族ジェットソン[2]』のような未来社会をイメージさせる番組を見て、テレビ電話で親戚の顔を見ることができる

（１）（Jamie Notter）主に企業を対象に、組織文化、エンゲイジメント、人材開発などのコンサルタントをしています。

（２）一九六二〜一九六三年に放映されたテレビアニメで、日本でも一九六三年に放映されていました。

日を想像していたことを覚えています。

今日、フェイスタイム、スカイプ、グーグルハングアウトなどのＩＣＴを使用することで、世界中の友人や家族と簡単に（しかも無料で！）連絡を取り合うことができます。驚くべき機能が利用可能になっているにもかかわらず、多くの大人がそれを活用していません。なかには（とくに教育関係者に多いのですが）、そのことに不満を漏らす人さえいます。

ＩＣＴ分野の革新によって生徒が、いつでも、誰とでも交信できる状態にあるにもかかわらず、それが教えることの障害になっている、と主張する人がいることも事実です。その一方で、いつでもどこでも人々とつながることを活用して、学びのための新しい機会をたくさんつくり出すべきだという考え方もあります。

教育、ＩＣＴ、そして人生において、あなたが変化をどう捉えるかは、あなたがどのように人々を導くかを決定づけることになります。さまざまな変化を他人事のように考えている人もいますが、有能なリーダーになるためには、相手が生徒であろうと教師であろうと、まず自分がその模範を示さなければなりません。

もし、それが難しいのであれば、「一緒にやろう！」と言ってしまったほうが簡単ですし、周りの同意も得られやすくなります。

ルーティンを壊す

リーダーが新しくてよりよいものに気づき、それを発見するための最善策は、エンドユーザー（利用者）の立場から生活を体験してみることです。組織行動の専門家であるフランク・バレット（Frank Barrett）は、ルーティン（検証されることなく続けられている習慣）を壊して、一度状況を他者の視点から見られれば新しい解決策につながる可能性があると説明しています。ハーバード・ビジネス・レヴュー（Harvard Business Review）のビデオには、「革新するためにあなたのルーティンを壊せ」というタイトルが付けられています［参考文献1］。そのなかでバレットは、顧客サービスに関する多くの苦情を受けていたある航空会社の話を紹介しています。

その航空会社の幹部たちは、顧客のためによりよいサービスを生み出す方法に焦点を当ててリトリート(3)の時間をもちました。全員がリトリートに参加していた初日、マーケティング担当の副

(3)　リトリートとは、静かな環境の下で行われる宿泊型の作戦会議のことです。参加者同士が親しくなりつつも、真剣に本音で語り合える場と時間を共有します。とてもパワフルな方法です。詳しくは、『「学び」で組織は成長する』と『なぜ会社は変われないのか』を参照してください。

社長は、ホテルの部屋にある各リーダーのベッドを航空機の座席に取り替えました。翌日、その座席で夜を過ごした同社のリーダーたちは、顧客の快適性を向上させるためのいくつかの「革新的なイノベーション」を思いつきました。

もし、この副社長が睡眠のルーティンを乱すという形で、リーダーたちが顧客の不快感を体験できるようにしていなかったならば、目立った革新的な変化のアイディアも出せずに、リトリートは無難なものに終わってしまったかもしれません。

顧客はビジネスのエンドユーザーです。教育リーダーである私たちにとっては、学習者（生徒と教師）がエンドユーザーなのです。学校や教室で不快な体験をすることで、びっくりするような発見がもたらされるかもしれません。分かりやすいように、具体的な例を紹介しましょう。

ビジョンを示し続けた教育イノベーターであり、『理解をもたらすカリキュラム設計』(4)（西岡加名恵訳、日本標準、二〇一二年）の開発者の一人であるグラント・ウィギンズは、ある教師が新しく移った学校で、二人の生徒を丸一日ずつシャドーイング（影のように後をつけること）して書いたレポートをブログに載せました(5)［参考文献2］。

新しいことをはじめる一環として校長は、私に二日間生徒になることを提案しました。私が丸一日シャドーイングをして、一〇年生がやることをすべて同じようにやり、もう一日は

一二年生になって生徒と同じことをしました。

私の仕事は、生徒がやるべきことをすべてやることでした。教師の講義や黒板上のメモがあれば、それを私のノートにできるだけ早く書き写したのです。化学実験があれば、私は対象の生徒と一緒にやりました。テストがあれば、それを私も受けたのです（私はスペイン語のテストに合格しましたが、経営学は不合格だったと確信しています）。

この投稿は、彼女が「生徒であること」のプロセスで苦労している様子を教えてくれています。シャドーイングを終えると、彼女は重要な考慮すべき点を次のように書き残しています。

①生徒は一日中座っており、座り続けることは疲れます。
②高校生は受動的に座って、授業の約九〇パーセントはおとなしく聞いているだけです。
③一日中、少し厄介者として扱われていると感じます。

（４）（Grant Wiggins）アメリカ・ニュージャージー州ホープウェルにある団体「Authentic Education（真の教育）」の代表でした。二〇一五年に亡くなっています。
（５）ある教師というのは、実は自分の娘です。この件については、その娘が書いた『最高の授業』のなかで詳しく紹介されています。

これをここで紹介する目的は、彼女の考えを批判することではなく、学校における生徒の経験について、私たちが本当に分かっているのだろうかと考えることです。自分の学校で何が起こっているのかということについて、あなたはどのくらいの頻度で思いをめぐらしますか？　この教師が見つけたように、私たちの考えていることが不正確または不完全なものかもしれないということはありませんか？

先に投げかけた「自分自身がこのクラスの生徒になりたいか？」（四〇ページを参照）という質問を、自分自身に問いかけなければなりません。このような観点から教育を見てみると、私たちが生徒に期待していることのいくつかは、あなた自身が一時間頑張ってもできるものでないことが分かります。ましてや、丸一日などとても無理です。

次に紹介するのは、生徒の視点に関する文章です。ブログに掲載されていたものですが、本当に私を揺さぶりました。

「私のホスト役を担ってくれていた一〇年生のシンディーに、授業で重要な役割を果したと感じたり、彼女が欠席したとき、クラスメイトたちが彼女の知識や貢献の恩恵を受けられなかったりしないかと尋ねたら、彼女は笑って『いいえ』と答えました」

あなたは、自分の意見が尊重されていないと感じる場所に毎日行くことができますか？　私はとくに、このシャドーイングでの教訓に心を打たれました。多くの生徒が自立的に学ぶという経験をしていないことに私は気づいたのです。

学校における学びの環境は、教師だけではなく、そこにかかわっている教職員全員がつくり出したものです。もし、学校である生徒が右記のような経験をしているとき、私たちはリーダーとして、新しくてよりよいものをつくり出すためにどのような学びのサポートやイノベーションができるのでしょうか？

教室にいることで人をリードし、さまざまなことを管理する

教育委員会の管理職としての私の目的は、できるだけ学校に行って教師を支援することでした。イノベーションの文化を先導するために、教師のやっている仕事に結びつけることがとても重要だと私は感じていました。もし、私の意思決定が教室に影響を与えることができるならば、学びのために没頭できる環境を整えることができるとも思っていました。

私はしばしばノートパソコンを持ち、三時間から六時間、どこかの教室に座っていました。そのノートパソコンを使って管理的な仕事に取り組んだり、電子メールの返信をしたりしている間、教師と生徒はその日のスケジュールをこなし、私がそこにいることさえ忘れてしまうほどでしたが、物理的に教室にいることで教師や生徒の経験をより深く理解することができました。

教師を評価するためにそこにいたわけではありません。実際、それは教育委員会がつくり出していた環境を評価するため、と言ってもいいぐらいでした。その間に私が気づいたことの一つは、仕事をうまく進めるために教師は、どれほど多くの「ほかのこと」をしなければならないかということです。生徒とコンピューターにログオンするべく根気よく取り組んでいたり、Wi-Fiの接続に関する絶え間ない問題に対処したりするとき、彼らは教師ではなくマジシャン（手品師）のように見えたのです。そのうえ、不満を抱えながらも教師は、生徒のために効果的な学びの機会をつくり出そうと、求められている以上の仕事をしていました。こんな様子を、私は繰り返し見てきました。

もし、私たちが学校で「イノベーション」が頻繁に起こるようにしたければ、喜んで没頭できるように、それが起こるための環境を準備する必要があります。時間がないと思っているなら、あなたのＩＣＴはモバイルであることを思い出してください。あなたは、すでに私が実践したことについて実行できるのです。

コンピューターやタブレットを持っていって、教室で仕事をしてください。静かなオフィスならメールを素早く返信することができるかもしれませんが、私が教室でそれを行った理由はたくさんあります。教えることと学ぶことの現実を話し合うことは、その理由のなかでもっとも重要なことなのです。

私たちが行わなければならないもう一つのことは、それにかかわる教師や管理職が挑戦するための障害を取り除くことです。たとえば、時間のかかるログオンの手順についてはすでに言及しました。ＩＣＴ部門の視点から見ると、インターネットへのアクセスが高速になり、ログオンの手順が迅速になりました。しかし、各クラスに二〇〜三〇人の生徒がいることを考えると、ＩＣＴ担当者が一人で素早く簡単にできても、クラス全体が終了するまでには数分がかかります。とくに時間がかぎられており、少しの時間でも大切な教室ではかなり大きな問題となります。

このことは、教師が経験している現実のうち、私が理解できることの一つでしかありません。実際に教室で過ごして、そうした時間が積み上がるとどれくらいになるのかについて自分の目で確かめていなければ、同じ理解をすることはできないでしょう。

私たちが真にイノベーションの文化をつくりたいと思うのであれば、教師には「方法」と「資源」が必要となります。彼らにはまた、自分自身がその教室の生徒になりたいと思うような環境をつくり出すために、私たちの「サポート」も必要なのです。リーダーとして私たちは、学校、教師、生徒のための「ビジョン」をもたなければなりません。同時に私たちは、そのビジョンを実現するために一緒に働く教師をサポートしなければならないのです。先に紹介したスティーブン・Ｒ・コヴィー（八〇ページ前掲）が次のように述べています。

「事は管理し、人は導くのです。そうすることで、エンパワーできるのです」［参考文献３］

優れた学び手、革新的なリーダー

教室にいることで私は、教師たちをうまく導きたければ、私自身が学べていなければならないことも思い出しました。リーダーおよびイノベーターとして、どのような変化が可能で、どうあるべきなのかについて探究するための時間を取る前に、すぐに取り掛りたいと考えることは当然です。この点を明らかにする事例があるので紹介します。

数年前、「ディジタル・ポートフォリオ」を生徒と一緒に試してみたいということを何人かの教師から聞きました。問題となったのは、これらの教師のほとんどが、ディジタル・ポートフォリオを作成するプロセスを実際にやったことがないという点でした。教師として、彼らはその考え方が気に入っていたのですが、ディジタル・ポートフォリオが学習者の視点からどのように機能するのかということついては検討していなかったのです。

多くの学校でディジタル・ポートフォリオを実践している様子を実際に見て分かったことは、紙のポートフォリオでしていたことを単にディジタル化しただけであったということです。多くの場合、それらは単にディジタルで出力されただけのように見え、生徒たちは単に成果物へのリンクを共有するだけでした。

デジタル・ポートフォリオとは何か、またそれを教えるために、どのように使われるべきなのかがさらに重要となりますが、まず私は、生徒が学ぶためにどのように使われるべきかについて理解をしたかったのです。教職員や生徒にまだ自分が経験していないことをやらせるのではなく、自分でデジタル・ポートフォリオをつくり、そのプロセスのメリットや課題、そして可能性を探る必要があると判断しました。

そこで私は、自分のブログをはじめました。これは、私自身の「学習ポートフォリオ」です。オープンな振り返りの力と、それが学びをどのように深めるのかということついて学びました。そして、誰もが私の仕事と感想を見ることができると知ったとき、自分が学んでいることについてより深く考えるようになりました。

私のブログは、学校内だけでなく世界中の人々と協力できるということも示してくれました。世界のどこからでも、そして誰でも私のアイディアにコメントすることができるだけでなく、私自身が自分の考えを振り返ることができたのです。ポートフォリオは、自分の学びの手段であると同時に、学びを公開する場にならなければならないということを発見したわけです。

オープンに学ぶプロセスを通じて、私はネット上に残した足跡の影響を理解しはじめました。ネット上に足跡を残すことで、ほかの人の研究を単に共有するだけでなく、自らの体験を通してブログを書くことの恩恵や予期しない結果について生徒と話し合うこともできました。生徒に教えることを自分も一緒にやることで得られる信頼関係、これに勝るものがほかにあるでしょうか？

私がはじめた一つのポートフォリオは魅力的で、学習者に焦点を当てたディジタル・ポートフォリオの作成という形で学校全体に広がりました。現在、パークランド教育委員会は、すべての学校でディジタル・ポートフォリオを導入しています。私たちには、この取り組みをサポートしてくれた非常に先見的で勤勉な教師たちが各学校にいます。経験から学び、教えることができる彼らは、この取り組みを軌道に乗せることを助けてくれました。

私の個人的な学びの成果によって、幼稚園から一二年生までの一万人以上の生徒が、何らかの形で作成し、開発、維持するディジタル・ポートフォリオを運営するための能力と機会を提供されました。これはまだ進行中の作業であり、その学びは非常に混乱しています。私たちには、この混乱を受け入れる必要があるのです！

私たちリーダーは、生徒が作成し、収集している膨大な情報量を紙で整理することは不可能だと理解していましたが、ポートフォリオをディジタルで作成することによって、いつでもその成長の様子をまとめたり、共有したりする機会をもつことができるのです（ブログやディジタル・ポートフォリオの詳細について学びたければ、私のポートフォリオ「bit.ly/blogasportfolio」で情報を入手することができます）。

偉大なリーダーたちは、ビジョンをより小さなステップに分けることで、それを現実のものにします。達成される小さなそれぞれのステップは、それが進行中に自信と能力を伸ばすことに役立ちます。私の学びの事例は、教師とつながることを助けただけでなく、私が学習者としての信頼を得る保証にもなりました。

「教師であることを忘れてしまった人」というレッテルを私は貼られたくありません。私自身がブログという形でディジタル・ポートフォリオをつけ続けるという学びを経験しているので、教師が現在していることについて、枠を押し広げるように促すことができるのです。

教室に存在し続け、学び続けることを優先し、生徒を第一に考えてリードすることで、革新的なリーダーとして成長することができます。本章を閉じる前に、革新的なリーダーのために、あといくつかの本質的な特徴をみなさんに紹介したいと思います。

革新的なリーダーの特徴

①先見的

先見性のあるリーダーは、自らが学校のための強力なビジョンをもち、それを教室の中で実際に行えるようにかみ砕いて提供することができます。イノベーションの文化をつくり出すには、より大きなビジョンに向けて、一連の小さなステップが必要となります。一つの大きな飛躍で物事が実現することはありません。

革新的なリーダーは、自信と能力の両方を築く小さなステップで人々が継続的に成長することを手助けし、より自発的で、より革新的になれるようにします。

②共感的

新しいアイディアは、あなたが奉仕する人々のニーズを共感的に理解することからはじまります。私が最初に校長になったとき、前任の校長のアイディアや実践を真似ようとは思いませんでした。その代わり、「自分がこの学校の教師であれば、校長に何を期待するだろうか?」と考えました。

そのような観点から学びの環境を考えることによって、学校の生徒であったり、地域の保護者であったりすることがどういうことなのかという点で共感できました。たとえば、結論がなかなか出ない長すぎる会議に教師として出席していたとき、私は不満を感じていました。だから、他人の時間を尊重するために会議を短くして、簡単に電子メールで送ればすむことには時間をかけず、より多くの時間をかけてさまざまなことを学びました。

短い時間の会議は革新的と言えるでしょうか?　答えは、いいえ、です。しかし、あなたが奉仕する人の立場に自分自身を置くことからイノベーションははじまるのです。

③学びをモデルで示す

私は、ウエスト・バンクーバーの教育長であるクリス・ケネディーに大いなる敬意を表しています。彼は、リーダーが「学校で学ぶこと」の必要性を信じています。そして、それをモデルで示してもいます。もちろん、私もそれに同意しています！

これまでやってきたことをやるだけだったり、あなたが知っていることを単純にやったりするという罠に、簡単に陥ってしまうものです。言うまでもなく、そのようなやり方には限界があります。生徒のためにもっとよいことをやりたいのであれば、どのような変更が必要なのかについて理解し、新しい学びの機会を試してみなければなりません。まったく異なるものを自分で経験するまで、新しいやり方に取り組む必要はないのです。

> まったく異なるものを自分で経験するまで、新しいやり方に取り組む必要はないのです。

④リスクを取ることを見える形で示す

「リスクテイカー」という用語は、教育においては非常に陳腐化していま(6)す。リーダーとして、リスクを取ることを奨励したり、要求したりするのは簡単ですが、リスクを冒しているところを実際に見るというのは稀です。

組織階層の上にいる人たちがモデルとして見せてくれないと、人々がリスクを冒してまで新しいことを試みる可能性は低くなります。人々に新しいことへ挑戦することを望むならば、彼らに同じことをしても問題ないということをリーダーが公に示さなければなりません。

⑤ネットワーク

ネットワークは、成長とイノベーションにとって不可欠となります。あなたが学校のなかだけを見ているときは、自分たちが何か素晴らしいことをしているのではないかと簡単に思ってしまうものです。偉大なリーダーは常にネットワークをつくり続けてきましたし、現在では、これまで以上に簡単につながることができます。

対面のやり取りも素晴らしいのですが、ＩＣＴによって私たちは、もはや場所や旅費に制限されなくなりました。手を差し伸べさえすれば、世界中の教育者とつながることができるのです。

これは一つの選択肢です。私たちが学校外の人々とつながるというこの自由によって、私たちの思考を広げ、他人のアイディアを取り入れ、新しくてよりよいアイディアを実践し、生徒のために素晴らしい学びの体験をつくり出すことができるのです。

⑥鋭い観察力

素晴らしいアイディアは、ほかの素晴らしいアイディアを生み出すことにもなります。教師が学校外で何が起こっているのかを認識し、生徒のニーズを満たすためにそのアイディアを応用することによって、世界中の学校に広がっている「才能を磨く時間（Genius Hour）」という取り組みが生まれました。(7)

インターネットの魅力は、他校やほかの組織からも多くの情報にアクセスできることにあります。ビジネス界において見られるアイディアは必ずしも学校にそのまま当てはまらないでしょうが、アイディアを結びつけて形を変えることができれば、かなり素晴らしいものになるでしょう。

⑦チームづくり

もっとも革新的でない組織は、同じ考え方の人々に囲まれているものです。(8) イノベーションは

(6)　日本の教育界においては、リスクを冒して新しいことに挑戦するという考え方自体が極めて特別なことではないでしょうか？　ひょっとしたら、危険人物として見られてしまいます。それでいいわけはないのですが、チャレンジすることを許さない文化が存在し続けています。

(7)　これは、グーグルなどの企業が行っている、仕事時間の二〇パーセントを自分の好きなことに費やしてもいいという取り組みを学校に置き換えたものです。

対立や意見の不一致から来るものであり、敵対的なやり方ではなく、多様な思考を促進するものです。重要なことは、特定の人の考えや別の人のアイディアで行うことを決定するのではなく、実際によりよいアイディアをつくり出すことです。可能なら、複数のアイディアを融合する形でつくり出すようにしましょう。

革新的なリーダーになりたいのであれば、あなたと同じような人たちに囲まれないようにすることです。

⑧人間関係を大切に

学校でイノベーションが非常に重視されるようになってきましたが、それが人間の努力によってなされていることを忘れがちです。スマートフォンが革新的なのではなく、スマートフォンをつくり出す背後にある考え方がイノベーションを起こしているのです。

オフィスに閉じこもり、ツイッターで人々とつながり、素晴らしいアイディアや新しいことをあなたの部屋から生み出すのは簡単です。革新的なリーダーになりたいのであれば、単に新しくてよりよいアイディアを考え出すことではなく、その過程に教職員を巻き込むことがあなたの役割となります。組織内の人々に焦点を当てられなかったり、人とのつながりを失ったりした場合は、たとえ新しいアイディアをあなたが提供しても、周りの人には受け入れられないでしょう。

人々は、新しいことを試すことに価値があり、安心してできると知ってさえいれば、新しくてよりよい何かに向かって努力する可能性が高くなります。

前進するために

革新的なリーダーは新しいアイディアをつくり出そうとしますが、イノベーションの文化を創造することがより重要です。人をエンパワーして、その人の邪魔にならないようにすることの大切さについてはたくさん話されていますが、その途中で遭遇する課題を彼らがどのようにして乗り越えたのかについて話されることはほとんどありません。したがって、教室で時間を過ごし、実際に行われている教え方と学び方を見てから、生徒や教師にとってよりよい明日を創造することが大切なのです。

しかし、イノベーションの中心になるのは「人」であり、「物事」ではありません。私たちが仕事をするにあたって、常にイノベーションの中心は人であるという真理を大切にすることで、

（8）　ある意味では、教師社会は究極の同質社会と言えるかもしれません。その意味では、教師以外の人たちとどのようにつながるかが、学校と教育の死活問題となるでしょう！

イノベーションの文化をつくり出す可能性がより高まります。

話し合いのための問い

❶あなたが奉仕する人々の学びに関するニーズを理解するために、どのような方法が考えられますか？

❷あなたの学校で、あなたが実現したいと思っている新しい学び方は何でしょうか？　あなたは、それをどのようにモデルとして示していますか？

❸あなたの強みとして備わっている革新的なリーダーとしての特徴はどのようなものですか？　また、どの分野を成長させる必要があるでしょうか？

第6章
「夢中に取り組む」VS「エンパワーする」

次の世紀に目を向けると、リーダーとは、他者をエンパワーする人だと言えるでしょう。

（ビル・ゲイツ[1]）

私は講演会でスピーチするために、飛行機でバージニア州ロアノークに降り立ちました。空港からホテルまでは近いので、タクシーではなくウーバー[2]を使うことにしました。運転手と落ち合うと、彼は私の荷物を丁寧に車のトランクに納め、私のために後部座席のドアを開けてくれました。タクシーに乗り込んで出発する際、運転手にホテルの場所を知っているか

（1）（William Henry“Bill”Gates III）マイクロソフトの共同創業者兼元会長兼顧問です。
（2）「ウーバー・テクノロジーズ」が運営する、自動車配車ウェブサイトおよび配車アプリです。現在、世界七〇か国・地域の四五〇都市以上で展開しています。

どうかと尋ねたのですが、返事がありませんでした。もう一度尋ねても、やはり返事がありません。たまらずに、運転手の肩を叩いてみました。彼は驚いた様子で私を見て、このように囁きました。

「私、聴覚障害者なんです」

車中、現代のＩＣＴによって彼は「運転手」というキャリアを積むことができ、それによってどれほど素晴らしい機会を得たのかと私は考え、そのことに感銘を受けました。運転手としてお客を乗せる際、行先までの道を知らなくても、モバイル機器にアップデートされる道のりに従って進めばいいだけですし、お客の顔もウーバーのプロフィール画像で確認できるので誰がお客なのかすぐに分かるのです。

ホテルに到着すると、彼に「ありがとう」と私は口で伝えました。彼も同じように、「ありがとう」と言ってくれました。

その日の夜、私は「Imgur」(3)という画像共有サイトで、私と同じ体験をした人が車中において、「手話で『ありがとう』とはどのように言うのか（つくるのか）」とグーグルで調べて運転手に感謝を伝えた、という投稿を見ました。その運転手は、手話でコミュニケーションを取ろうという親切心に心が温まる思いがしたと言っています。

この投稿を読んで、申し分のない素晴らしいサービスを提供してくれた私の運転手に感謝の気持ちを表す機会を逃してしまったことを悔しく思った私は、ホテルから空港までの帰りもウーバーを使うことにしました。

幸運なことに同じ運転手で、前回利用したときと同じく、質の高いサービスを提供してくれました。私はというと、車中でずっと手話で「ありがとう」の言い方を練習していました。正しく「ありがとう」の手話ができるようにグーグルで下調べもしましたし、ユーチューブでデモンストレーションも見ました。

空港に着くと、運転手がトランクから私の荷物を出し、縁石の上に置いてくれました。そこで、前回のように口で言うのではなく、どうか正しくできていますようにと祈りながら、手話で「ありがとう」と彼に伝えました。そのときの彼の表情、私にとっては衝撃的なものでした。しかし、それはとても簡単なことですし、自分とかかわる人を大切に思う気持ちを示すために学んだ時間はほんの数分でしかありませんでした。

では、なぜ私はこのようなことをしたのでしょうか。正直に話しましょう。答えは、そうすることができたからです。ユーチューブ、ウーバー、スマートフォンからグーグルにアクセスする

---

(3)　二〇〇九年に立ち上がりました。一日一〇〇万人以上のユーザーに、無料の画像管理サービスとコメント型ソーシャルコミュニティーを提供しています。まだ日本語のサービスは展開されていません。

ことなど、私たちが指先で学んだり、創造したりする力は畏敬の念を抱くほどのものです。この話の大部分は二〇〇〇年の時点では考えられなかったことです。しかし今日、このようなICTは広く豊富に存在しているのです。

学校があるから生徒たちは創造するのか？ それとも、学校があるかどうかにかかわらず創造するのか？

この話は、二〇一五年にパークランド教育委員会に属する一つの学校での出会いを思い出させてくれました。それは、「イノベーション週間」という、自分の興味のある分野で生徒がデザインをしてつくり出すイベント中でのことです。八年生のフロアーを歩いていると、ある生徒が高度なエンジニア・プログラムを使って新しい車をデザインしていたのです。もちろん、教師たちは、彼にそのような複雑なプログラムの使い方などについて教えていません。

私は彼のやっていることを奇蹟のように感じ、思わず「どうやって習ったのか」と尋ねました。すると彼は、「えっ」と驚いた顔をして、ひと言だけ答えたのです。

「ユーチューブだよ」

ユーチューブは、世界最大の情報図書館です。

質問する前に、彼がその技術をユーチューブで学んでいたことは見当がついていました。ただし、それは学校で見たものだったのです。彼はユーチューブにアクセスすることと、数あるチャンネルのなかから必要なことを学ぶ時間を与えられていたのです。このようなことから、ユーチューブは世界最大の情報図書館になったと言えます。

それにしても、一体なぜ、このような学習のための情報源を生徒（や教師）から取り上げる学校が存在するのでしょうか？　ひと言で表せば「管理する」ということでしょう。

従順な文化

二〇一二年にセス・ゴーディン（四ページ前掲）が「子どもの夢を奪う学校というシステム」というスピーチをTED《テッド》トークで行いました。そのスピーチの冒頭、彼は「みなさん、おはようございます」と傍聴者に挨拶しましたが、反応は薄く、思わず「おかしいな、こう言われたたら『ゴーディン先生、おはようございます』と返事することを幼いころに習ったでしょう。さぁ、もう一回やってみましょう」と言いました。

さらに彼は、スピーチのなかで(4)、挨拶と返事は多くの学校で習慣づけられていることであり、これこそがコンプライアンス文化なのだと言及しました。確かにそうです。彼は正しいのです。

私が教師として話す場合、当然、生徒は私が教師であるということを認識している態度や言葉遣いで接してくるでしょう。もしもその返事が好ましいものでなければ、「正しい」態度や言葉を生徒から引き出すまで私は何度でも同じことを言うでしょう。このようにリピートするという反復法の目的を決して学びと言うことはできませんが、どうも学校は反復による訓練を学ぶ場所になっているように感じます。(5)もちろん、そうでないことを願っていますが。

教師の間では、夢中で取り組むということや、それが今の時代にどれほど重要なのかということについてよく話題に上ります。もっと夢中になって生徒が取り組むために、多くの教師は、実例に基づいた興味深い学習を進めようと努力しています。事実、私自身、教師になってからの数年は、生徒たちが夢中で取り組めることに焦点を当てていました。その数年間で、面白くて説得力のある話術を身につけることもできました。まるで映画『いまを生きる』(6)のなかのロビン・ウィリアムズのように、生徒の心をつかめる魅力的な話し方のできる先生になれるように努力したわけです。

しかし、残念なことに、私の「なりきりウィリアムズ・ショー」が終わる年度末近くには、生徒の教師に対する期待値を上げてしまったのです。つまり、このような私のアプローチは、「もし、あなたが私たちを夢中にさせることができなければ、あなたは『よい教師』ではない」という考えを生徒たちに植え付けてしまったということです。教師になりたての私は、このレベルで満足していたわけです。

夢中で取り組むというのは大切なことですが、これ以降、私は生徒に学習するスキルを身につけさせなければならないことを学びました。すなわち、他人に頼って学習に取り組むのではなく、生徒が自立的に学び、自らの学びに導けるように教えることが必要不可欠だということです。そこで参考になるのが、夢中で取り組むことと生徒をエンパワーすることを分けてうまく説明しているビル・フェリター（一七ページ前掲）の考えです。彼は次のように言っています。

「生徒に夢中で取り組ませることは、私たちが教える内容、興味関心やカリキュラムに興味をもってもらうことであり、生徒をエンパワーすることは、生徒の情熱や興味関心、そして将来の夢を追いかけるために必要な知識やスキルを提供することである」

（4）法令順守、過度に相手（多くの場合、目上の人）に合わせたり、従順であることです。さらには、最近頻繁に聞くようになった（というよりも安倍さんにまつわる一連の事件が普及させた）「忖度」などの意味もあります。

（5）カナダやアメリカとは比較にならないぐらいに従順であることが求められる日本では、まだこの「夢中で取り組む」ことの大切さは残念ながら認識されていません。試験のために教科書をカバーすることが最優先となっていますから。しかし、教科書をカバーすることと「夢中で取り組む」こととは相容れません。関連情報として、「PLC便り、エンゲイジメント」をご覧ください。

（6）一九八九年のアメリカ映画です。ロビン・ウィリアムズ主演、ピーター・ウィアー監督。第六二回アカデミー賞で脚本賞を受賞しました。

図　「夢中に取り組む」と「エンパワーする」

生徒が夢中に取り組むとは

以下のことに、子どもたちが
興奮していることを意味しています。

私たちの
・学ぶ内容
・興味関心
・カリキュラム

生徒をエンパワーするとは

以下のことを追い求める知識とスキルを、
子どもたちに与えることを意味しています。

彼らの
・情熱
・興味関心
・未来

（子どもたちは、エンパワーされる必要があります。
夢中にさせられるのではなく。）

これは決して、「生徒が夢中に取り組む」代わりに「生徒をエンパワーする」ものではありません。事実、人は学習に夢中に取り組んでいなければ、自分自身に力がついていると実感することはありません。しかし、夢中に取り組むことが最終目標だとすれば、私たちは何か勘違いをしていることになるかもしれません。

あなたは、世界を変えた物語を聞くことと、世界を変える機会を与えられることの、どちらを望みますか？　もちろん、世界を変えた話を聞くことに関心が向くかもしれませんが、「世界を変える人物」になることはそれどころではありません。人を変えるということなのです。

そこで、プロの教師としてあなたに質問をします。

あなたは自分の生徒を、「従順」「夢中に取り組む」「エンパワーする」の三つのうち、どれに当てはまるように育てたいですか？

エンパワーメントの文化

今日、幸運なことに「エンパワーメント」に重きを置いている教育現場が多く見受けられるようになりました[7]。私には教育関係に携わっているたくさんの知人が身近や海外にいますが、彼らはみんな、子どもたちのために素晴らしい学習方法をつくり出しており、それらが私に刺激と興奮を与えてくれています。彼らのような革新的な教師やリーダーたちがみんなを前進させるような学びの機会をシェアしてくれることで私自身も刺激を受けましたし、エンパワーもしてくれました。

数年前、保健の授業で私が普段とは違う方法で教えると、思いがけない結果を得ることができました。もともと、七年生に保健を教えることは、私にとって決して楽しい授業ではありませんでした。保健の授業は、時間割の空白を埋めるための授業のように思えたのです。

このような背景があったため、生徒が夢中で取り組む内容を自分でつくろうとする代わりに、保健のカリキュラムにあった難しい学習目標の言葉を、生徒が簡単に理解できるようなシンプルでなじみのある言葉に書き換えて提示し、参加型の授業にしたのです。

生徒同士でいくつかのグループをつくり、それぞれ興味のあるテーマを選び、そのことについて教え合いました。この授業で私は、七年生の教師というよりも、博士課程の学生と一緒に研究をする大学教授のような感じがしていました。

それぞれのグループが、日々私のアドバイスやフィードバックを求めてきました。このような授業の進め方をしたことで、私がただ単に教壇に立って教えるよりも、生徒たちはずっと深い学びができたのです。彼らは自らの学びをコントロールしたことで、授業中の雰囲気が明らかに変わりました。

ここで注意したいことは、彼らのリーダーシップ力を自ら運用させるという、これまでとは違う視点からの学びを提供しただけだという点です。もちろん、カリキュラムに則って授業を進めていました。

それまで私は、カリキュラムを学び、それに則った授業を行い、それに対して生徒が理解していくという方法で教えてきましたし、私自身、そのように教育されてきました。このような教育モデルは、従順か熱心な取り組みかのどちらかでした。しかし、生徒をエンパワーするという授業の仕方は、新しくてよりよい学びの機会を生み出したのです。著述家であり、出版者であるハリエット・ルビン（Harriet Rubin）は次のように述べています。

「実のところ、自由とは力よりも大きなものです。力は、あなたがコントロールできるものですが、自由はあなた自身を解き放つものなのです」

（7）我が国においては、いまだその言葉や意味することを知らない教師が圧倒的に多いと思います。訳者の一人は、すでにこの考え方を教育関係者に読んでもらいたいと思い、『エンパワーメントの鍵』という本を一九年前に出しています。とてもいい本ですが、入手しにくいので図書館でリクエストをして読んでください。

> 教育者やリーダーとしての仕事は、ほかの人を支配するのではなく、彼らのなかにある潜在能力を引き出すことです。

生徒たちをエンパワーすることで彼らの潜在能力を解き放ち、彼らが深い学びをつくり出すために、探究することと、その内容を関連づけることを可能にしたのです。

教育者やリーダーとしての私たちの仕事は、ほかの人を支配するのではなく、彼らのなかにある潜在能力を引き出すことです。夢中に取り組むだけでは不十分なのです。自分にとって必要なものと同じ機会を、生徒たちにも与えなければならないのです。

アイデンティティーの日

数年前、私がいた学校の副校長だったシェリル・ジョンソンが、「アイデンティティーの日」を学校で設けてみてはどうかと提案しました。その内容は、学校にいるすべての人間（生徒と教職員）が参加し、それぞれが熱中していることを紹介するというイベントです。このイベントの最初の年、私はＮＢＡのチーム「レイカーズ」への愛を、翌年には愛犬のことについて語りました。

このイベントは、人々がともにリスクを冒し、ともに働き助け合い、イノベーションを起こすためによりよい関係を築くための環境を築きました。生徒たちに興味のあることを紹介させることによって、彼らの考えや意見が重要なものだと自覚させる環境をつくり出したわけです。レゴをつくることへの愛を語った生徒もいれば、音楽家になりたいという生徒は自ら作曲した歌を披露し、発明家になりたいという生徒は最新の作品を発表していました。

このイベントでは、全員が発表したことによって、それまでにはなかった絆をつくり出すことができました。実際、ＢＭＸ(8)のチャンピオンであったある二年生は、イベントで話すまでほとんどの生徒にその事実が知られていなかったのです。彼女が話したとき、一年生の担任だった先生が「自分もその競技に興味があるのだ」と言い、そのあと彼女らは、「大好きなエキサイティングなスポーツ」について楽しそうに話をしていました。こんなにも素晴らしいことがあるでしょうか。

このときのイベントに関して言えば、ほかにもよく覚えている生徒のプレゼンテーションがあります。

当時六年生だったメアリーは、彼女が抱えている「トゥレット障害(9)」について話をしてくれました。そのときの担任教師でさえ、彼女が障害をテーマにするなんて思ってもみませんでした。発表のなかで彼女は次のように発言しています。

(8)　バイシクルモトクロスの略で、自転車競技の一種です。
(9)　チックという一群の神経精神疾患のうち、音声や行動の症状を主体とし慢性の経過をたどるものを指します。小児期に発症し、軽快・増悪を繰り返しながら慢性に経過します。

「この障害は私という人間を構成する一部なので、みんなとシェアしたかったのです」

なんと強力なメッセージでしょうか。

今でも、私はこの素晴らしい機会をつくり出したシェリル・ジョンソンに感謝しています。リスクを承知のうえで、何か新しいことをはじめる形でこのイベントが行われたわけですが、このイベントが学校側と生徒との「絆」と「力」をつけさせることになると信じていたのです。まさに、彼女の信じたとおりになりました。

エンパワーすることは、一度のイベント以上の効果がある

今日、「才能を磨く時間（Genius Hour）」[10]「メーカースペース」[11]「イノベーションの日／週間」など、多くの教育実践に関する本や情報源があります。多くの教育者がそのなかから実際にアイディアを取り入れていますが、それは素晴らしいことです。生徒たちが情熱を注いでいることや、興味のあることについて探究する機会を提供することは、彼らの学習をとてもエンパワーすることになります。

> 「学ぶこと」によってどのようなことが起こるのかに焦点を当てて考えなければならないのです。

私たち教育界にいる者は、このようなイベントを行うことで、「情熱をベースにした学習」が生徒と教育者にとって有益であると再確認させられます。しかし、「イノベーションの日」を企画したり、「才能を磨く時間」を設けたりすることがよいスタートだとしても、そこに留まっていてはいけません。イノベーションを一回きりのイベントに降格させてはならないのです。[12]

新しい教育の考え方を発信し、素晴らしい本である『つくることで学ぶ――Makerを育てる新しい教育のメソッド』[13]の共著者であるギャリー・ステイジャーは、生徒にとって学ぶということがどのようなことでなければならないかについて書いています。「メーカースペース」を設立したときのことを尋ねると、次のように彼はパワフルに言いました。

――学校のリーダーが、「私たちは二五〇〇万ドル相当のメーカースペースをつくっているん

(10)　一一七ページの訳注を参照ください。
(11)　ハイテクな機械から昔ながらの道具まで用いながら,「つくる」「学ぶ」「探究する」「共有する」ということが体験できる場のことです。
(12)　NHKのBS1スペシャルとして放送された『ボクの自学ノート――7年間の冒険』(二〇一九年五月一日)や『宿題をハックする』が、イベントに終わらせないための参考になります。
(13)　酒匂寛訳、オライリージャパン、二〇一五年。

です」と言ったのを聞いて、メーカースペースが学校教育の不平等を悪化させてしまうんじゃないかと心配になりました。安全であるべき高価なハードウェア（設備）が必要とされるかもしれませんが、大量の制作活動を校舎の一部でなく隅々にまで、そして学校で過ごす細部の時間にまで浸透させたいものです。

メーカースペースを段ボールの箱に入れているだけの教師たちは、素晴らしい仕事をしていると言えるでしょう。カリキュラムを超えて指導をするということは、受け身の授業を行うのではなく、授業のなかで生徒が、小説家・数学者・歴史家・作曲家・芸術家・エンジニアになれるということです。［参考文献3］

生徒たちに、自分が学んだことを応用して、新しい知識やアイディアをつくり出してほしいと私たちが心から望むなら、この種の学びを終日、教科の枠を超えて実践できるだけの機会を生徒に提供する必要があります。

「箱物さえつくれば生徒たちはついてくる」という考え方は、教育には通用しません。私たちは、これまでに行ってきた学び(14)をやり続けるのではなく、どういう可能性があるのかについて、もっと考えなければなりません。

学校VS学校外での学び

二〇一四年、「学校VS学校外での学び」というタイトルの記事を自分のブログに投稿しました。簡単に言えば、いわゆる伝統的な学校での教え方・学び方と、学校の外で人はどのように学んでいるのかについて書いたものです。その一部を紹介します。(15)

- 学校は、答えを探しはじめることを促進します。学びは、疑問に思うことからそれが促進されます。
- 学校は知識を詰め込むこと、学びは知識をつくり出すこと。
- 学校は、与えられたなかから情報を探すこと。学びは、自分が情熱を注いでいることや興味関心のあることを探究すること。

---

(14)　一三五ページの訳注（12）で紹介した資料は、学校外での学びから学校内での学びに再考させてくれる情報です。

(15)　このリストと比較すると面白いものとして、「脳の機能にマッチしていない学校とマッチしている学校」（『シンプルな方法で学校は変わる』の三〇六ページ）、「伝統的な教室と一人ひとりをいかす教室」および「私たちが知っていることとしていること」（『ようこそ、一人ひとりをいかす教室へ』の三〇ページと五三ページ）などがあります。

図

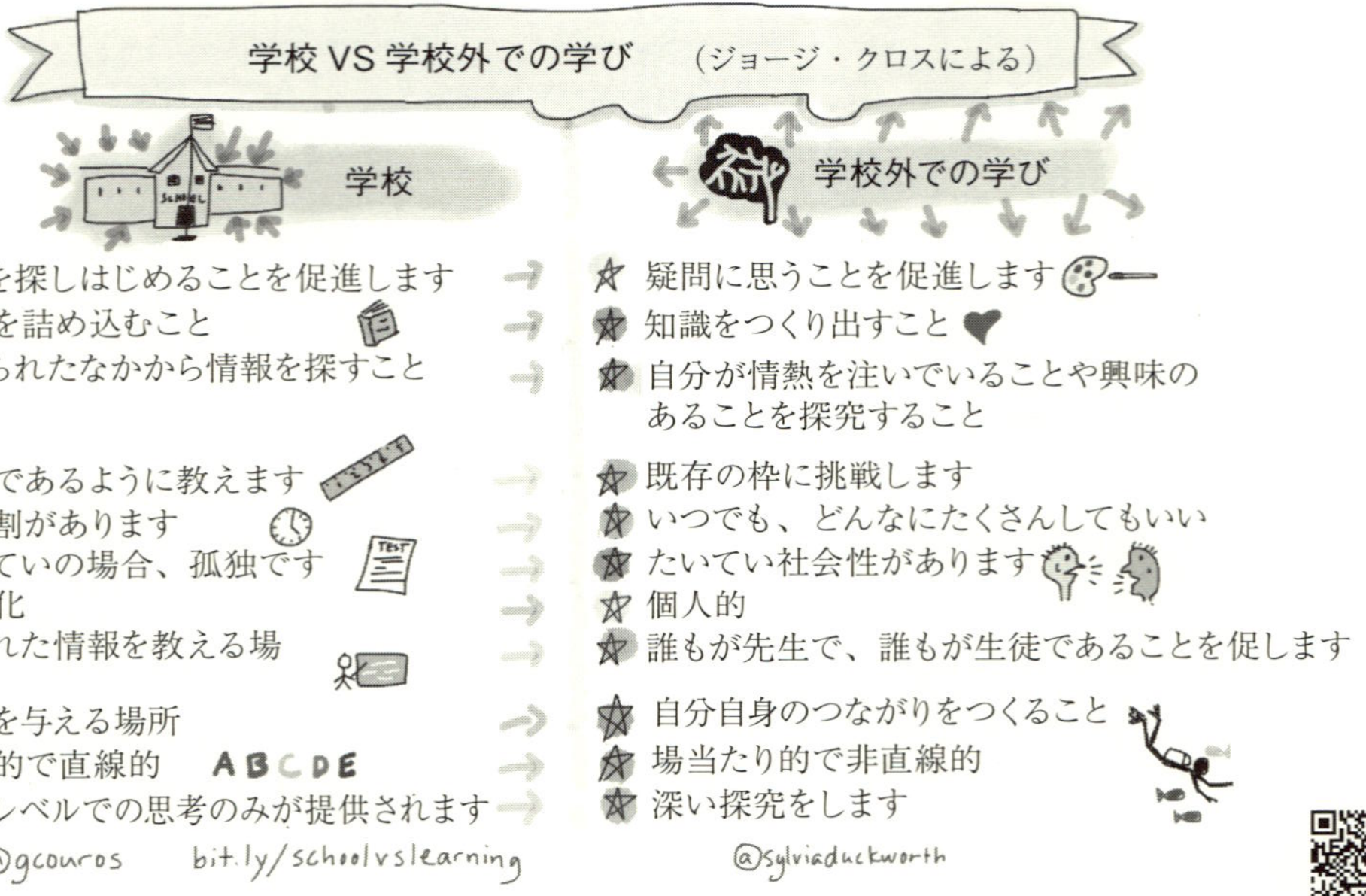
知識を詰め込むこと
従順であるように教えます
時間割があります
たいていの場合、孤独です
標準化
限られた情報を教える場
情報を与える場所
段階的で直線的

（シルビア・ダックウォースは、このアイディアを素晴らしい絵に要約しています）

・学校では、従順であるように教えます。学びは、既存の枠に挑戦します。
・学校には時間割があります。学びは、いつでも、どんなにたくさんしてもいいのです。
・学校はたいてい孤独。学びにはたいてい社会性があります。
・学校は標準化。学びは個人的。
・学校はかぎられた情報を教える場。学びは誰もが先生で、誰もが生徒であることを促します。
・学校は情報を与える場所。学びは自分自身のつながりをつくること。
・学校は段階的で直線的。学びは場当たり的で非直線的。(16)
・学校は浅いレベルでの思考のみが提供されます。学びでは深い探究をします。

もちろん、これらのことは一〇〇パーセント言い切れるものではありません。しかし、いくつかの定義を組み合わせて新しいものを考えるとどうなるでしょうか？　常に変わりゆく世界のなかで、活発で柔軟な、真の学習者を育てる場所に学校はなれるでしょうか？

たとえば、冒頭の「学校は答えを探しはじめることを促進します。学びは疑問に思うことからそれが促進されます」という文章は、次のように変えることができます。

---

(16)「らせん状に循環的」と言ったほうがよいような気がします。時には下に戻ったりしながら。

学校は生徒たちの質問を引き出し、答えを見つけることを促進します。

もし、本当に学習者たちをエンパワーすることに焦点を当てたとしたら、いったいどんな学校になるでしょうか？

子ども私たちが住む世界

前述したような学びの機会を本当につくり出したいのであれば、「従順な文化」では生徒と教師が望んでいる環境をつくり出すことができないということを頭に入れておかなければなりません。「従順」であることを望んでいる間は、学習者が学校にいる間に創造的な市民になることはもちろん、将来においてもなれません。

「生徒たちが住む世界を、私たちがつくらなければならない」という考え方は傲慢とも言えます。私たちはみんな、同じ世界に住んでいるのです。教室の中はもちろん、学校という壁を越えた私たちの人生において、みんなが成功するためのスキルとマインドセットを身につけなければなりません。

学校の内外で生徒が成功するようにエンパワーすることは、企業が求めるスキルに私たちが注意をしていることにもなります[17]。第2章では、トーマス・フリードマン（三一ページ前掲）が書いた「グーグルで仕事を得るには」という記事について触れました。その記事には、グーグルが社員に求めている五つの能力が取り上げられていましたが、そこに「従順」であることは含まれていません。

①一般的な認識能力——学習能力と、急場において事を処理する能力。
②リーダーシップ——伝統的なリーダーシップと対比される創発的なリーダーシップ。リーダーとして、いつどのようなときに力を与えるべきか、あなたは分かっているでしょうか？
③謙虚さ——「私は知りません、分かりません」という能力。よりよいアイディアを受け入れることのできる能力です。
④オウナーシップ——組織の問題を自分自身の問題として考え、仲間と一緒に問題解決をすることはとても重要です。
⑤専門的能力——すでに答えを知っていると考えることが新しいことへの探究を妨げることになりますので、これを「もっとも重要ではないもの」としてリストの最後に入れました。

---

(17)「二一世紀型スキル」「仕事で必要なスキル」「社会人基礎力」などで検索すると、どのようなスキルがリストアップされているのか分かります。

この記事は、学校関係者にとってとても参考になると思われる以下のような文章で結ばれています。

「イノベーションがますますグループで行われるようになるなかで、彼ら（グーグル）はリーダーシップ、謙虚さ、協調性、適合性、学ぶことと『学び直すことを苦にしない心』などといった、柔軟なスキルも大切にしているのです。たとえどこで働くことになっても、これらは大切なことになります」

前進するために

私たちが教育を進めていくなかで、グーグルが求める五つの特徴や世界で求められていることを考慮すると、「従順な文化」や「夢中に取り組む文化」をつくり出すだけでは十分とは言えません。むしろ、弊害のほうが大きいと言えるかもしれません。

学校側は「ソフト・スキル」に価値を見いだし、それを「期待」ではなく「規準」とすることが求められています。それが達成された暁には、生徒と教師がともに学ぶためにエンパワーされ、前進するためにリスク

> 学校内外で生徒が成功するようにエンパワーすることは、企業が求めるスキルに私たちが注意をしていることを意味します。

を負うことを学校は厭わなくなるでしょう。

話し合いのための質問

❶夢中になる取り組みではなく、エンパワーメントに焦点を当てた学びの機会と経験を生徒と教師に提供するためにはどうしたらよいのでしょうか？

❷「学校VS学校外の学び」を使って、あなたはどのような声明を考え出すことができますか？　それは、どちらかに偏ったものでしょうか、それとも両者の中間をとったものでしょうか？

❸生徒の声を単に聞くだけでなく、それらを活かすことができる授業と学校をつくるにはどうしたらいいのでしょうか？

第7章
共有されたビジョンをつくり出す

大きく考えることが、素晴らしい成果につながります。（ウィルファード・ピーターソン）(1)

教員採用に関する説明会の会場を歩いていたとき、教師を引き付けようとしているのでしょう、ひと目で分かるようなビジョンを掲げた看板を発見しました。

「アクミ教育委員会は最高の職場」（実際の教育委員会名は伏せました）

「まったくもって説得力がない」この看板は、その教育委員会についても、それがどんな人たちにサービスを提供しているのかについても触れていません。「最高の職場」なら、いかなる組織や小売会社でもウェブサイトのアドレスくらいは載せるでしょうが、この看板には教育委員会についての情報が一切書かれていませんでした。

もし、この魅力のないスローガンが本当であったとしても、教育委員会の優先事項や教師と関係者のニーズに対して、どのように対処しているのだろうかと疑問が残ります。

今日における教育ビジョンは、生徒に対してだけでなく、教師や管理職、そして学校コミュニティー全体にとっても魅力的なものでなければなりません。そして、「最高の職場」以上のものでなければならないのです。さらに、最高のビジョンを伝える方法を決定する前に、生徒たちに求める資質と最適な学びの環境を明確にしなければなりません。また、学校や教育委員会のビジョンとミッション・ステートメントをつくり出す方法が、その実現のために人々を巻き込めるか否かの大勢を決めてしまうということも忘れてはなりません。

ビジョンとミッションを決めることに参加すれば、ほとんどの人がそれを受け入れます。ある組織が週末のリトリート(2)で自分たちのビジョンやミッションを決めたいと思って幹部だけを招待したとすれば、彼らだけが楽しむことになるでしょう。しかし、その幹部たちがほかのスタッフにもビジョン作成の過程で参加を求めれば、みんなでつくることが楽しめるのです。では、それはなぜでしょうか?

これについては、前章で扱った「従順」と「夢中で取り組む」ことから「エンパワーメント」

---

(1)（Wilfred Arlan Peterson）アメリカの作家・コラムニスト。雑誌「This Week」などのコラムを長年にわたって書き続けてきました。

(2)　一〇三ページの注（3）を参照。

への移行という考え方で説明することができます。本当の意味でエンパワーされたとき、人々には「オウナーシップ（自分のものであるという意識）」と「自主性」が必要となります。夢を現実のものとする教育のビジョンをつくり出して学校を前進させるためには、上意下達でも、ボトムアップのアプローチでもない、全員の協力が必要なのです。[3]

新しいビジョン

二〇一一年に、カナダのアルバータ州エドモントンの西に位置するパークランド教育委員会（二二校が所属）は、自分たちの教育に対する考え方を変えなければならないと認識しました。その改革は、学ぶことに関しての新しいビジョンとミッションを、コミュニティーが一丸となってつくり上げることからはじまりました。

教職員や生徒に加え、保護者やビジネスリーダーたちもその過程に加わるだけでなく、エンパワーしたのです。もちろん、全員が会議に参加できたわけではありません。一万人もの生徒を抱えるコミュニティーにとって、全員が会議室に集まることは不可能です。

しかし、ＩＣＴによって、全員の考えを共有する機会をつくることができました。個人やグループが、生徒たちの現在と将来において必要であると思ったことについて提案できたのです。「従順」という言葉は一度も出てきませんでしたが、「創造性」「イノベーション」「探究」といった言葉は繰り返し登場しました。

このプロセスでは、人々が異なる観点から考えられるように質問形式が採用されました。しかし、それは手引きとしてではなく、教育とはどのようなものであるべきかを話し合うための方法として、人々の心を開くのに役立ちました。たとえば、クリシー・ヴェノスデイル（Krissy Venosdale）が教育上で可能な変化を次ページに掲載した**表**のように示しています。(4)「必要不可欠なのは何か？　何が素晴らしいのか？　何が欠落しているのか？」というような質問は、関係者全員に教育の可能性を考えさせ、彼らが住む地域の学校に新たなビジョンをつくり出すきっかけとなりました。

気の遠くなるような努力と時間をかけて、多様なグループからの声を集め、やっと新しいビジ

---

(3)　まさに、ここで書かれているビジョンのつくり方が詳しく書かれている本が、『エンパワーメントの鍵』です。今は入手困難になっていますので、図書館などでリクエストを出して読んでください。また、『シンプルな方法で学校は変わる』では、親も生徒も参加してつくられた学校教育目標の事例が紹介されていますので、あわせて読んでみてください。

(4)　アメリカのヒューストンにある The Kinkaid School のイノベーション・コーディネーターを務めています。彼女のブログ http://krissyvenosdale.com/a-tale-of-two-classrooms/ でこの表のオリジナルが見られます。

表　二都物語ならぬ二つの教室の物語

A クラス	B クラス
教師はすべてを知っている	教師も学習者
間違いは、よくない	間違いは、学びを引き出す
教師が質問する	生徒が質問する
生徒は聞く	生徒が考える
目標は、いい成績	目標は、学ぶこと
情報を暗記する	問題を解決する
（教科書や問題集の）ページを終わらせる	つくり出す
画一的なやり方	一人ひとりをいかすやり方
規則が強制される	規則は必要なし
ロボットにとっていい	生徒にとっていい

ョンが次のように作成されました。

「パークランド教育委員会は、探究心、創造力、想像力によって、すべての学習者が夢を叶えるために学ぶことを楽しむところである」

同じ過程を経て作成されたミッションでは、このビジョンがどのようにして実現されるのかについて説明をしています。

「私たちの目的は、この急速に変化するグローバル社会のなかで、生徒一人ひとりがどのように自らの能力を引き出せるのかについて準備をし、夢中で取り組み、元気づけることである」

右記のビジョンにおいて、「生徒」

の代わりに「学習者」という言葉が使われていることに気づきましたか？　パークランド教育委員会は、世界の先進的な教育機関とともに、さまざまなレベルの「学び」が、学校においてはイノベーションの文化をつくり出す際にもっとも重要なものであると気づいたのです。

もし、私たちが革新し続ける生徒を望んでいるなら、私たち自身が革新を続けるリーダーや教師でなければなりません。もし、私たちがイノベーションの文化を求めているならば、最初に自分たちの学びと成長に焦点を当てて考えなければならないのです。

パークランド教育委員会で私がもっとも好きなことは、型にはまらず、ユニークなところです。教育委員会に所属する者であれば、誰もが「夢を叶える」ことを推奨されているということが強みの一つとなります。

私が本書を書いていること自体が、やる気のある生徒だけでなく、学習者のアイデンティティーをこの教育委員会が受け入れて、すべての人をサポートする組織であるという例になります。パワフルで明確なビジョンとミッションは、「最高の職場」という言葉よりは、すべての教育関係者にとってはるかに魅力的なものとして映ることでしょう。

> もし、私たちがイノベーションの文化を求めているならば、最初に自分たちの学びと成長に焦点をあてて考えなければなりません。

行動こそが大切

実行されないビジョンは幻覚にすぎません。

（トーマス・エジソン・Thomas Alva Edison, 1847～1931）

ビジョンは、明確に、覚えやすく、ダイレクトに伝わるものでなければなりません。また、組織内のいかなる人物も共鳴できるものであることも重要となります。「システム思考」は文化的な変化を生み出す重要な要素ですが、もしそのビジョンが日々の教室や学びのレベルで理解できない（あるいは、素早く説明できない）ものであれば、ただの言葉になってしまいます。

要するに、「システム思考」は、私たちが「システム行動」をしなければ、さほど意味を成さないということです。ビジョンを達成するためには、まずはミッションを学校のなかで一人ひとりが徐々に達成できるよう、段階に分けて小さな目標をつくっていく必要があります。各段階を達成していくことで自信と能力がつきます。そして、一人ひとりが成功することによって組織全体が恩恵を受けるのです。

今日のクラスで目指すべき八つの特徴

あなたの学校や教育委員会のビジョンを達成するための行動様式を決める際、革新的な思考を刺激するうえにおいて必要となる学びの環境に関する特徴を頭に入れておいてください。私の研究によると、ビジョンを達成した組織は、日々の学びを実現するために、以下に挙げる八つの特徴をすでにもっているか奨励していることが分かっています。[5]

①声[6]

[7]学びは社会的であり、協力して知識をつくり上げることは学習者をエンパワーします。生徒は他者から学ぶ機会をもち、その学びを他者と共有するべきです。

（5）ここで提示されている八つの特徴のほとんどについては、『教育のプロがすすめる選択する学び』でより詳しく説明されていますので、興味のある方はぜひ参照してください。

（6）原語は「Voice」です。「声」「考え」「意見」「発言」などと悩みましたが、「声」にしました。現在、『ボクにも言いたいことがあります！——生徒の「声」で授業をつくる（仮題）』という本を翻訳中ですが、そこでも「voice」の訳は悩みましたが、「声」にすることにしました。

今日、私たちには自らの声を共有する機会がいくらでもあります。それだけに、効果的に自分の声を発信できるように教えなければなりません。もし、それを怠れば、彼らは「どのようにして共有すればよいのか」と苦労することになります。

②選択

選択には、生徒がどのように学ぶのかと、何を学ぶのかという二つが含まれます。実際、どのように生徒は興味のある分野を学び、専門性を高めていくのでしょうか?

これについて私の経験を言いますと、大学時代、後半の数年間で成績がすごく伸びましたが、最初の数年間はあまりうまくいきませんでした。いったい何が違ったのでしょうか?　実は、成績がよくなった年は選択制のクラスで、自分で選択したからこそ学び、興味をもつようになったのです。

選択肢を提供することで、生徒自身の強みや興味関心に基づいて学ぶようになりますし、また関連性を見いだし、充実させることも容易になります。

③振り返り

教室は非常に慌ただしい場所です。なぜ、多くの教師がカリキュラムを急いでこなすのか、またすべてを期間内に終わらせる必要があるのか、私には痛いほどその気持ちが分かります。しかしながら、深い学びを可能にするためには、時間をかけて学んでいることとのつながりを見いだし、振り返ることによって、何を学んだのかについて考えるための機会を学習者に提供する必要があります。

すでに言及した（六九ページ）「ひたすら読む」は、単に読むだけでなく「ひたすら振り返る（Drop Everything And Reflect）」機会でもあるべきです。アメリカの哲学者ジョン・デューイ（John Dewey, 1859～1952）は、「私たちは経験からは学ばない。経験を振り返ることによって学ぶのだ」と言っています。

クラスにおける振り返りの時間は、任意のものとしてとらえるべきではありませんし、プライベートな時間にすることでもありません。これは、生徒と教師が日常実施することのなかに含まれるべきものです。

（7）中心となるのは教室の中にいる教師やクラスメイトですが、今の時代、それだけに限定しているのはおかしいです！　教室は世界とつながっているのです。

④イノベーションの機会

信じられないかもしれませんが、私がグレイストーン・センテニアル中学校を訪れたときのことをお話しします。訪問したとき、この学校は「イノベーション週間」となっていました。なんと、ここで、身近にあるものでホバークラフトをつくってしまった生徒たちに出会ったのです。彼らが制作したホバークラフトは、体育館の中を行き来したり、人々を自由に移動させたりすることができたのです。ちなみに、この生徒たちはまだ八年生です。

彼らが情熱を注いだこのプロジェクトについて尋ねると、似たような研究をユーチューブで見たことがあり、そのなかで欠落しているものは何かと考えてつくり出したというのです。つまり、お手本となったユーチューブのものより、新しくてよりよい作品を生み出したわけです。

生徒にとって、イノベーションが「イベント」になってしまうのではなく、「普通のこと」になることが重要です。生徒たちが革新的なアイディアを追い求め、開発することが奨励されたり、時間が提供されたりと、すべての分野において継続できるだけの機会が提供されること、それが不可欠となります。

⑤クリティカルな思考(8)

一般的に、「工場モデル」と呼ばれるものがあります。教育の世界では、生徒に従順であることを徹底し、「言われたとおりに行動する」ことが基盤となっています。従順であることによって、子どもたちに教えたことを長期間にわたって覚えさせておくことはできませんが、大人になっても維持できるだけの態度（忖度《そんたく》までを含めた⁉）はつくり出せるでしょう

私の親友であり、最初の教育委員会でのパートナーは、自分の考えだけで仕事を進めてしまわないように、質問したり、意見を言ったりすることを私に頼みました。自分だけの考えではなく、「ベスト」な考え方を常に求め、それが成功することを求めていたのです。もちろん、これは彼のエゴではなく、生徒や学校の職員に成功して欲しいという思いから生み出された姿勢です。

彼のこの行動や考え方から、私も同じことを同僚に求めるようになりました。お互いの考えに意見や質問をしあうことで、ひょっとしたら、熱心になりすぎて火花を散らしあうことにもなるでしょう。しかし、クリティカルに物事を見て、疑問を抱くことは、組織にとっては大切なのです。

（8）　一般的には「批判的」と訳されていますが、それが占める割合はせいぜい四分の一から三分の一といったところです。より大きなウェートを占めているのは「大切なものを選び出す力」であり、その逆の「大切ではないものを排除する力」です。日本の学校教育が長年無視し続けている能力です。

生徒にとって、イノベーションが「イベント」になってしまうのではなく、「普通のこと」になることが重要です。

利益もあれば犠牲を払うこともあるという、情報があふれている世界に生きている私たちにとっては、クリティカルに考えられることが非常に重要となります。真実とデマ（フェイク）を区別する方法や、なぜ情報源を見極めることが大切なのかについて生徒が理解さえしていれば、大量の情報に接することが彼らにとっては有益なものとなるはずです。

このことを証明するかのように、著述家でありブロガーであるハワード・ヘインゴールド（Howard Rheingold）は、「インチキの検出」が大事だと強調したうえで、次のように説明しています。

「誤報、偽情報、スパム、詐欺、都市伝説、デマなどから真実を見抜くのは自分次第です。半世紀前にヘミングウェイが『インチキの検出』と呼んだことは、これまでにないほど重要になっています」

単に異論を唱えるだけでなく、みんなが前進できるように、生徒たちに対して尊敬の意をもって質問をし、他人のアイディアに対して挑戦することでエンパワーするよう、私たち教師は教える必要があるのです。

⑥問題発見／解決

前述したように、問題を「解決」するだけでなく「発見」することができるような生徒を育てていくことが重要となります。ある学校で行われた六年生の最終プロジェクトを例として挙げましょう。

このプロジェクトは、生徒たちがコミュニティーに影響を与える問題を見つけ、それについて期間中に調査し、問題解決するというものでした。そのなかの一つに、「学校の制服をなくしてしまう」という提案や、QRコードを使って落とし物の持ち主を探すという解決策を提案した生徒たちがいたそうです。

生徒のために、このような機会を設ける学校が増えています。生徒が主体的に考えて行動するプロジェクトを行うことで、世の中に大きな影響を与えられるだけの能力を生徒自身に培うことができるからです。子どもたちに問題を発見させ、真に役立つ問題解決をするための目的意識をもたせましょう。

⑦自己評価

「通知表を早く書きたい」と言う教師はいないでしょう。誰がその仕事をしているかというと、紛れもなく教師です。途方もない時間をかけて、生徒たちが何を知っており、何ができるのかという資料を集めて評価をしているのです。もし、通知表に「この生徒は一〇月には○○ができたが、一月にはできていなかった」と書いたら、それは適切な評価と言えるでしょうか。生徒を評価するより、生徒に自己評価のやり方を教えれば、彼らに振り返る機会を与えることにもなります。そうすることで、彼らは自らの学びに対して責任をもつようになります。

私たち教師は、生徒たちが何を知っているかを立証することに時間を割いています。その一方で、生徒の学びにより時間とエネルギーを費やすようにエンパワーしたり、生徒の強みや成長できる分野を理解させてあげることが不足しています。

生徒たちの知識と、その知識を得るまでの過程が記されたポートフォリオは、彼らを知るためのよい共有ツールとなります。振り返ることで、自らが学んできた過程、現在の自分の状況、そして、今後どのように成長し、学んでいけばよいのかについて知ることができます。(9)

⑧ネットにつながった状態の学び（コネクテッド・ラーニング）

私が教師になりたてのころ、理科を教えることにとても苦労していました。そもそも自分が苦手としていた教科だけに、教師になったからといってそれが変わることなんてありえません。もちろん、現在も私が教室で理科を教えるとしたら、自信をもって教えることはできないでしょう。しかし、科学者であれば得意とするはずです。そこで、「専門家に接続する形の学習」を取り入れたわけです。

今日、スカイプ、フェイスタイム、グーグルハングアウトなどを使えば、さまざまな分野で知識を共有してくれる専門家たちとつながることができます。もちろん、ここで言う「接続」とは、ICTを通じてのことに制限されるものではありません。近くにいる専門家たちを呼んで、生徒たちの前で話をしてもらうこともできるのです。

生徒が各分野の専門家と接し、そこから得たことで新たな知識やアイディアをつくり出すという壮大な学びの方法を、教師は企画したり実行したりすることができるのです。一〇年前であれば授業の一環としてかかわることができなかったような人物とも、ICTによってつながることができるのです。

別の方法で「接続」することもできます。ソーシャルメディアを使って、他者からフィードバックをもらうというものです。四年生を担当しているある教師は、生徒たちの考えを共有させることで、世界中にいる専門分野の人々と生徒を接触させています。彼らが開催した「ブログ打ち上げパーティー」に招待されたことがあります。このブログは、生徒自身の投稿をオンラインでシェアしたものでした。

考えてもみてください。あなたは、宇宙について誰から学びたいと思いますか？　宇宙飛行士

(9)　このテーマに興味のある方は、『成績をハックする』、『一人ひとりをいかす評価』『テストだけでは測れない！』『増補版「考える力」はこうしてつける』『イン・ザ・ミドル』を参照してください。

ですか、それとも教師ですか？　答えは言うまでもないでしょう。学ぶなら、その分野の専門家からみんな学びたいのです。

ＩＣＴを使って、そのような関係をつくることを促進しましょう。さらに重要なことは、生徒自身がこの強力な学びの機会を促進できるように教えることです。

ビジョンから現実へ

第１章で、他者の考え方を再整理し、自らのニーズに合わせ、適応させることについてお話しました。二〇一五年、これらの八つの特徴をブログに投稿したところ、シルヴィア・ダックワース（五三ページ前掲）が私の考えを基礎にしてイラストを描いてくれました。内容をとても創造的に表していることに加えて、視覚的な意味において、学習者にはとても参考になります（次ページの図を参照）。

とくに多くの人とシェアするときには、イメージがアイディアを刺激するものです。ここでお話しすることは、実際にパークランド教育委員会のリーダーシップ・チーム（八ページ前掲）がシルヴィアのイラストをもとにして、「生徒アドバイザーグループ」で話し合ったときに起こったことです。

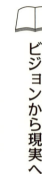

図

今日の教室で求められる八つの特徴
（ジョージ・クロスによる）
1 声を発する
生徒は他者から学び、その学びを共有する
2 選択
強みに基づいた学び
生徒に選択を提供する
3 振り返り
すべての人（教師、管理職、生徒）は自分が学んでいることを書いて、振り返る
教室は学習者を中心とするべきです。
4 イノベーションの機会
例・ユーチューブのビデオからホバークラフトをつくる
You Tube
(yes, it can be done!)
@sylviaduckworth
5 クリティカルな思考
見たものについて問いかけ、チャレンジする
BLAH BLAH BLAH
6 問題発見／解決
生徒に困難な挑戦を提供し、革新的な解決策を考えてもらう
MY PORTFOLIO
7 自己評価
生徒が振り返りの方法を知っていること
ポートフォリオを利用する
8 ネットにつながった状態の学習
ソーシャルメディアやビデオ会議によって専門家を授業に招く
bit.ly/gcouros8

生徒たちに対して、このイラストについての意見を述べることを教師たちが求めました。この話し合いは、私がブログに投稿した八つの特徴がどのように（あるいは「もし」）達成されるのか、ということについて行われたものです。

言葉やイラスト、そして話し合いを通してアイディアを喚起する過程で信じられないほどの価値を見いだしたのは、生徒の学習を教師が共有することでエンパワーするチャンスがあること、そして最終的には、彼ら自身が取り組む教育と学びの経験においてよい影響を及ぼすということでした。繰り返しますが、この「八つの特徴」は、授業がどのようなものになるべきかを示す指針ではありません。アイディアとイノベーションを呼び起こすために求められる特徴なのです。

学校はあまりにも多くの時間をかけて、生徒たちの考えが反映されていないビジョンをつくり出してきました。それに代わって、生徒の声に耳を傾け、彼らの意見を尊重する機会を設けたら、両者は協力して意味のある学びの方法を考え出すことができますし、ビジョンを実現することもできるのです。

もし〜なら

学校の新しいビジョンをつくり上げ、それを達成するための戦略を練るために役立った方法を

「What if?（もし～なら）」と私は呼んでいます。これは、夢を大きくもち、それを実現するために、自分自身や自分の組織にとって何が重要であるのかを見つけるための方法です。以下に紹介するのが、私の「もし～なら」です。

- もし、私たちがベストの学校をつくるのに必要なもののすべてがすでに組織のなかにあるとしたら、私たちはそれをつくり出して、共有するだけでいいのでしょうか？
- もし、生徒が唯一の学習者ではなく、学校にかかわるすべての人が「学習者」として学校が運営されていたら、どのようになるでしょうか？
- もし、リスクを取ってでもチャレンジすることを教師と生徒に推奨し、それを自分自身が管理職としてモデルで示したら、どのようになるでしょうか？
- もし、教えることは「仕事」ではなく「パッション（情熱）」と捉える人を採用したら、どのようになるでしょうか？
- もし、生徒だけでなく組織内の全員が夢を追うことを奨励されたら、どのようになるでしょうか？
- もし、「グローバル」にも「ローカル」にもつながりあいながら学ぶことに焦点を置いたとしたら、どのようになるでしょうか？

- もし、「もの」ではなく「人」が常に優先され、そこに重きを置いたら、どのようになるでしょうか？
- もし、学習者の強みを把握して育てたら、どのようになるでしょうか？
- もし、今日と未来の世界を変えるために生徒たちをエンパワーしたら、どのようになるでしょうか？

前進するために

未来は、誰の目にも明らかになる前に可能性に気づいた人のものである。(10)

（ジョン・スカリー）

> すべての学習者が自分の夢を達成するように奨励されているところでは、これらの「What if（もし～なら）」は「もし」では終わらず「現実」になります。

すべての学習者が自らの夢を達成するように奨励されている環境では、これらの「What if（もし～なら）」は「もし」では終わらず「現実」になります。私たちが機会をどのようにつくり出し、障壁を取り除き、前進するかが重要となります。

私の両親は、すでにあったものを再構築するためにカナダに来たわけではなく、家族や自分たちのためによりよいものをつくり出そうと思ってこの国に来ました。夢を見ることは大切です。しかし、私たちが教育を進めるうえでイノベーションが起きるだけの状況をつくり出すことができなければ、その夢は実現しないのです。

話し合いのための問い

❶あなたの学校や組織のワクワクする「学びのビジョン」をつくり出す過程に、コミュニティーのより多くの人をどのように巻き込みますか？

❷あなたのビジョンは（個人的にも、組織としても）、今日存在するパワフルな学びの機会を反映していますか？　それには説得力があり、教師をエンパワーしていますか？

❸ビジョンを実現するためには、具体的にどのような小さな目標を達成していかなければならないですか？

---

(10)　(John Sculley) ペプシコーラの社長とアップルコンピュータの社長、ＣＥＯを歴任した人です。

第3部

才能を解き放つ

ここまで、イノベーションとは何かを定義し、学校で革新的な考え方「イノベーティブ・シンキング」が「普通の文化」となるための基盤づくりに焦点を当ててきました。要約すれば、イノベーションとは、何か新しくてよりよいものをつくり出すためのマインドセットということです。

これを踏えたあなたであれば、自分が属するコミュニティーで信頼を築き、協力することで、教師と生徒がともにチャレンジし、学校を前進させられるようにエンパワーすることができるでしょう。

第８章～第12章では、人々の才能を解き放つ方法に焦点を置いて話をしていきます。イノベーションとは何かということ、教科書の知識だけでは足りないということ、上意下達の精神構造は効果的でないということを理解することが、才能を解き放つ方法を見いだすうえでとても重要になってきます。

イノベーションとは指示されるものではなく、自分のチームと一緒につくり出すものです。それをモデルで示すことが教育者として成功することであり、私が強く信じている「教育的なリーダーシップ」なのです。

ほかの人たちを前進させるためには、私たちはまず自分自身がしていることとしていないことを見つめ直すべきです。そうすることで、学習者たちの才能を解き放ち、「イノベーションは当たり前」という文化をつくり出すことができるのです。

第8章
強みを活かすリーダーシップ

失敗に固執するのではなく、自らの強みと日々の成功のうえに築くことでさらに学ぶことができます。
（トム・ラス）(1)〔参考文献1〕

成功とは、自らの弱点を排除するのではなく、強みをさらに発展させることによって達成されるものです。
（マリリン・ヴォス・サヴァント）(2)〔参考文献2〕

次のような、一般的な教育実践について考えてみましょう。

数学に苦戦している生徒がいます。彼の数学嫌いを克服しようと、教師は宿題以外にも課題を出します。さらに、選択教科でも数学を選ぶようにすすめています。

よく起こるこのような状況によって、生徒の数学能力を向上させることはまずなく、数学と学校を嫌いにさせてしまうことでしょう。

前章で説明した「もし〜なら」を覚えていますか。もし、学習者たちの弱点に焦点を当てる「欠陥モデル」をやめて、学習者たちの「強みを活かすモデル」を取り入れたらどのようになるでしょうか？　生徒たちをエンパワーするには、好きなことや熱中できることを彼らが見つけ、その強みが発揮できるような学びの機会をつくれるように手助けをしなければなりません。

もし書くことに優れている生徒なら、彼らに書く機会を増やしてあげます。もし科学に興味がある生徒なら、その情熱を探究するだけの機会を与えるための方法を探します。このように私たちが生徒の強みを伸ばすことに手を差し伸べることができたなら、どのような教育環境になるでしょうか？　しかしながら、私たちはニンジンをぶら下げるようにして、彼らの興味や関心を引いてしまっています。「嫌いなことを終わらせたあとで、好きなことをしてもよい」と。

私が駆け出しの教師だったとき、生徒たちが楽しみにしている体育の授業より、ほかの教科の課題を終わらせることを優先して、それが終わらなければ体育の授業はやらないと言っていまし

（１）（Tom Rath）ビジネス・健康・経済の分野で活躍する人間行動学の専門家です。「同世代のなかでもっとも偉大な思索家・ノンフィクションライターの一人」と言われています。処女作『心のなかの幸福のバケツ』（日本経済新聞社）をはじめとして邦訳書があります。

（２）（Marilyn vos Savant）アメリカのコラムニスト、作家、講師、劇作家です。

た。もちろん、生徒のためにはなりませんでしたが、自分が生徒であったときに経験したことなので、生徒たちに対してもそうするべきだと思い込んでいたのです。

結果的に、ほぼ毎回、生徒たちはしぶしぶ課題を終わらせていましたが（従順モデル）、当然のごとく、私と生徒たちの間に存在する溝は深まっていきました。

ここで、「強みに焦点を当てること＝苦手を無視する」ではないことを明確にしておきましょう。実は、強みを活かすモデルは、生徒が苦手としている領域を改善することもできるのです。成功は、能力と自信を築くことを覚えておきましょう。そのため、もし学校が「成功」を感じられることが多い場所になれば、生徒たちはもっと自信をもつことができます。

「自分たちは力不足だ」というメッセージが常にある環境では、すべての関係者は自信ややる気がなくなり、逆効果になります。

生徒の強みを伸ばす機会を与え続けることで、彼らは学習能力と自分自身を信じることを学んでいきます。特定の教科のほうがほかの教科よりも容易にそうなるかもしれませんが、生徒が乗り越えていく一つ一つのチャレンジは、自分が学べたり、楽しめたりすることを理解する助けとなります。

教師は、生徒が新たに身につけた成長マインドセットを活かすことで、より困難を抱えている教科にも挑戦し、改善できるようにサポートすることができるのです。

よりよい教え方に導くことで、よりよい学び方がもたらされる

教師はよく、自分自身が経験した学校文化や学びの機会を模倣した授業をつくり出そうとします。そのため、教師が欠陥モデルを根底にもつ教育文化の一員である場合、その考え方が教室のさまざまな部分に現れることになります。その一例として、テストのデータを使って弱点を見つけ、対策を練っていくという方法が挙げられます。(3) しかし、この方法は、多くの教師が自らの仕事に自信をなくすものとなります。

最近、カナダの有力新聞の一つである『トロント・サン（Toronto Sun）』に掲載された「生徒の読み・書きは上昇、しかしいまだに算数・数学では苦労」［参考文献3］という記事を読みました。

（3）日本の学力テストや入試がとっているアプローチは、まさにこれです。それによって、教え方・学び方の改善がこれまでに見られたでしょうか？

記事内にあるカナダ・オンタリオ州については、全体的に算数・数学のことに焦点を当てた内容となっており、読み・書きのスコアが上昇したことに対する称賛の文章は一文も見当たりませんでした。読み・書きを称賛する代わりに、算数・数学の指導方法が標準レベルでないことだけについて書かれていたのです。

算数・数学のスコアを無視してもいいのでしょうか？　「できるときもあれば、できないときもある」という考え方を受け入れてしまってていいのでしょうか？　絶対にあってはいけません。もちろん、低下している算数・数学の結果を改善することのみに焦点を当てることもダメです。それでも私たちは、問題が起き、新たな問題が浮上するまで、それに集中して取り組む教育版の「モグラ叩き」を行い続けているのです。

私たちは素晴らしい事柄には光を当てずに、苦労している分野ばかりを強調するといったことを何度も行っています。欠陥モデルは、教育関係者に「修復する必要がある」分野を過度に補うようにさせているのです。そのようなことが起きると、すでに起こっている素晴らしい事柄はすぐに忘れ去られてしまうのです。つまり、「自分たちは力不足だ」というメッセージが常に存在する環境では、すべての関係者は自信ややる気がなくなり、逆効果になるということです。

人間行動の研究者であるトム・ラス氏（一六八ページ参照）は、『さあ、才能（じぶん）に目覚めよう——ストレングス・ファインダー2.0』という著書で次のように述べています。

毎日強みに取り組む機会がある人はない人よりも、六倍も意欲的かつ生産的に仕事に打ち込む傾向があり、総じて「生活の質がとても高い」と述べる傾向が三倍以上にのぼることが、私たちの研究でわかっている。［参考文献４］

ラス氏が言うとおり、教師と生徒が成功している分野を探究したり、練習できたりする豊かな機会を与えなければなりません。

とはいえ、リーダーとしての私たちが単に身を引いて、成長が起こることを偶然に任せるといったことを意味しているわけではありません。事実、ラス氏の調査では、その分野の強みは育って当然だろうと見なしてしまうよりも上司が社員の強みに焦点を当てているときのほうが、人々はより夢中で取り組めていることが分かっています。彼は次のようにも述べています。

二〇〇五年、私たちは「上司がまず、従業員の強みに着目する場合」「まず、弱みに着目する場合」「従業員を無視する場合」に何が起こるのか調査を行った。その結果は、これまでの認識をくつがえした。職場にあふれている、周囲に悪影響を及ぼす無気力な姿勢や怒りや不満を伝染させる態度を減らすのは簡単かもしれないことがわかったのだ。［参考文献５］

上記の結果からも分かるように、あなたを無視する上司がいることは、あなたの弱みに焦点を当てる上司がいるよりも弊害は大きいのです。ここで注目すべきことは、あなたの強みに焦点を当てる上司は、あなたが仕事で惨めな思いをすることを減少させてくれる確率が高いということです。もし、私たちが周囲の人の強みを発達させるための手助けができれば、やる気が出ないという「心の病」も治療可能となるのです。

右記の点に関して私がもっとも共感した点は、社員を無視することが、弱点に焦点を当てるよりも弊害が大きかったということです。管理職のリーダーシップが機能していない、ということをよく耳にします。信頼と自立がモチベーションに不可欠なものであると私自身は理解していますが（そして、教えてもいますが）、私たちは集団として、学校ですべきより大きな目的をもっているのです。

教師として、管理職として、私たちがともに働き、互いに成長しあえるようにすることでさらに強くなり、影響力をもつことができるようになるのです。もし、ラス氏の研究を信じるのであれば（私は信じています）、単に「人々を独りにする」ことは最善の方法とは言えません。

表　上司が社員に悪影響を及ぼす確率

・上司が、社員を無視する場合	40%
・上司が、社員の弱みに着目する場合	22%
・上司が、社員の強みに着目する場合	1%

優れたリーダーは、効果的なメンターとしての役割を果たしつつ、信頼と自立のバランスを取ることができます。リーダーシップとは、何をどうするかと命令することではありません。それよりも、人々に自ら考えてもらい、部下のあらゆる行動を細かく管理することなしに部下の見方を質問したり、説明を求めたりする能力が必要とされます。

私たちは、本当に自分を高めてくれる人を見つけたときにのみ成長できるのです。よりよいアイディアをひらめかせてくれるメンター(4)を探し、部下に対しては、自分がよりよいメンターになれるように頑張ってください(5)。

リーダーとは、人々の才能を無視するのではなく、人々の強みを活かすことによって、それを解き放つ人です。イノベーションが盛んな文化をつくるためには、多くの場合、私たちはすでに必要なものはもってい

(4)　メンターは指導者ではありません。対象に寄り添いながらよいモデルを示しつつ、その人が自立する過程を助けられる人のことです。興味のある方は、『「学び」で組織は成長する』を参照ください。何よりも大切なことはメンター側に対する接し方やサポートの仕方のトレーニングなのですが、これをしっかりやれている日本の教育委員会を私は知りません。長年にわたって教師を体験した人なら誰でもメンター役を担える、と誤解しています。生徒や学生を長年体験したからといって、いい先生になれるとはかぎらないことと同じなのですが……。

> 優れたリーダーとは、効果的なメンターとしての役割を果たしつつ、信頼と自立のバランスを取ることができる人です。

て、それをどのように活用できるのかについて解き明かすだけだ、ということを理解する必要があります。

間違ったアプローチ

校長としての最初の年、生徒がブログを書くことをサポートしたいと私は思っていました。もちろん、それは管理職と教師全員がブログを書くことを意味していました。私はまだ無知で、この分野で遅れているというメッセージを発信することで人々を鼓舞することができますし、よりよくなるためには、私たち自身がまずはやらなければならないと思い込んでいたのです。

まさに、生徒たちに対してやってほしくないことを教師に対して行っていたのです。つまり私は、教職員たちが自らの弱点に焦点を当てるために、自らの時間を使うことを期待していたのです。数名の教師がしぶしぶ行いましたが、これは、私が目指している学びの文化によい影響をもたらさないことに気づきました。

よかった点は、時間をかけて一対一で、彼らの教え方についての強みを見極めたことでした。そこで、彼らの優れていることを強調し、明確にすることに重点を置くことにしました。個々の強みに焦点を当てることで、私たちの学校がブログを書くことだけではなく、さまざまな分野で前進できると思いました。

「この分野で私たちは他校から遅れをとっていますので、ブログを書かなければならないのです」と言う代わりに私は、「あなたはこの点にとても秀でているから、残りの教職員全員がそれについて学ぶことができればとても有益となります。私と一緒に、ブログでその点について紹介してくれませんか？」と言いました。

最終的に、強みは私たちを前進させるために、最初に重点を置くべきものであり、すでに学校で起こっている素晴らしい事柄を検証するための機会ともなったのです。

低い能力の分野を平均並みのレベルに向上させるよりも、優れたパフォーマンスをさらに卓越したものにするほうがはるかに少ない労力で済む。

（ピーター・ドラッカー）(6)［参考文献６］

（５）　メンタリングの関係でもっとも大切なことの一つは、成長したい人がメンターを選ぶ点にあります。したがって、選ばれるためにメンター側には努力が必要であると同時に、絶えず学び続けていることが条件となります。その意味で、日本で行われている「指導教官制」にはメンタリングの要素がほとんどありません。前述の『「学び」で組織は成長する』を参照してください。

（６）　(Peter Ferdinand Drucker, 1909～2005) ウィーン生まれのユダヤ系オーストリア人経営学者です。「経営学の父」「マネジメントの権威」「ビジネス・コンサルタントの創始者」として知られています。

人にポジションをあわせる

パークランド教育委員会の教育次長であるケリー・ウィルキンズは、他者の強みを活かす名人です。彼女が校長を務めているときに、その学校の教師として私は採用されました。彼女のもとで働く前に、リーダーシップに対して彼女が違うアプローチの仕方をしていることに私は気づいていました。

採用の過程で、職務の自由度が高く、職務の幅が広いことが雇用自体に柔軟性をもたせているように感じました。私のキャリアはというと、前半は小学校の教師でしたし、後半は高校の教師だったので、中学校レベルの教育経験はありませんでした。それが理由で、彼女は私のレジュメとポートフォリオのユニークさに気づき、私の強みにあったポジションを用意してくれたのです。

かつて、私と一緒に働いていた部長が、「僕たちは、人を仕事に当てはめることはしない。ベストな人材を見つけ、その人にあった仕事を与えるのだ」と言っていましたが、ケリーはこの考え方を自らのキャリアを通じて体現していましたので、教育委員会では「リーダーの養成者」として知られています。

私は決められた学年や教科を教えなければなりませんでしたが、少なからず、ＩＣＴをどのように効果的に使うかという知識が活かされる立場を担うことができました。ケリーの考え方によって、枠というものが存在する状況のなかにあっても、革新的になるだけの意欲をもつ機会を得ることができたのです。それによって、同じことを自分の生徒に対しても行うことができたわけです。

学校や組織では、ある人があるポジションで優れたよい結果を出すと、ほかの学校でも同じポジションがよくつくられます。しかし、結果が伴うことはありません。なぜ、このようなことが起きるのでしょうか？　言うまでもなく、「地位」ではなくて「人」が結果をつくり出すからです。教職員の強みを活かすことで、彼らからよりたくさんのものを確実に引き出すことができるのです。

ともに何かをつくり出すために、互いを育て合う

私が新しい中学校の仕事に就いたとき（実際、肩書がついていませんでした）、ＩＣＴを学びに取り入れることが役目の一つとなっていました。以前の職場でも生徒にＩＣＴの使い方を「情報」という授業で教えていましたが、この学校では、英語や社会のような教科において、学習の

向上・促進のためにICTの使い方を教えたのです。校長のケリーは、自らが目指していることやして欲しいことを明確にし、私が最善の力を発揮できるように環境を整えてくれました。

当初、各授業に四〇分が割り当てられていましたが、時々、二時間続きの授業もありました。それでも、私の受け持つ授業が、ほかの教師たちと平等になるように割り当ててくれました。その時間割が自分にとっては適正なものと思えないこともありましたが、新しい学校で波風を立てたくはありませんでした。しかし、ケリーについてすぐに分かったことがあります。彼女は、生徒たちにとって何がベストかに焦点を当てていたのです。

そのこともあり、「このように少ない時間を生徒たちに割り当てるのではなく、もっとICTを使って、深い学びをするための時間割にすべきでは」と彼女に伝えました。具体的には少なくとも一週間か二週間、一つのクラスにおいて、生徒にも教師にも深い学びをもたらすことができる機会をつくるというものです。

さらに、「授業」を行うよりも「テーマや課題を設定して行われる連続した授業のプロジェクト」に重点を置くほうが有益であることも説明しました。私の説明を聞いたあとケリーが次のように言いました。

「私は、あなたがこの分野でエキスパートだと思ったから雇ったの。あなたの思うようにしてください」

常にケリーは、前面に出していた「生徒たちにとって最善のこと」を行っていくビジョンとともに、教職員には新しいことに挑戦して欲しいと考えていたのです。もし、私たちが生徒のために違った形でよりよいことができるなら、それを探究する必要があります。彼女は、自分自身がモデルとなって、リスクを負うことを厭いませんでした。これは、リーダーシップの素質として素晴らしいものであり、重要なことです。リーダーがリスクを負うことを厭わずに、していることを公開し、リーダー自らがよりよく改善していこうとしないかぎり、組織に属する人はリスクを取ろうとしません。

しかもケリーは、部下のあらゆる行動を細かく管理したり、完璧主義を求めたりすることもなく、新しくてよりよい解決策が考えられるだけの環境をつくり出すためのモデルを示してもいたのです。

「学び」というものは複雑なものであるからこそ、私たちはリスクを取ることや失敗、成長、そして考え直すことに対して、気楽な気持ちで考えられるようにならなければなりません。一般的に、リーダーがリスクを取る様子を一度でも見たことのある人は、自らのアイディアを試し、自分自身や生徒を成長させるものです。人々の能力を引き出し、リスクを負うことを許可することによって、革新的なアイディアや学びが花開く場所をつくり出すことができます。

その人が賢いかどうかを考える代わりに、その人がどのように賢いのかについて考えるべきだ。
（リズ・ワイズマン他）[7]［参考文献7］

あなたにとっての夢の仕事

私はケリーからたくさんのことを学び、現在も学ぶ機会のあることにとても感謝しています。人々の最善を引き出したいと努力している者として、彼女からは人の強みを引き出し、そのための機会を提供することを教えてもらいました。『メンバーの才能を開花させる技法』という本では、次のようなことが繰り返し述べられています。

「どのメンバーももっている何らかの才能を見つけることができれば、自発的な努力を促すことができる。そこに光をあてれば、メンバーのやる気は増し、知性はフルに発揮される」［参考文献8］

人々の強みが何であるかを知るためにしなければならないことは、「尋ねる」ということだけです。私が校長になったとき、教職員の配属を決めるために毎年一通の電子メールを送っていました。その内容は以下のとおりです。

「教職員の配属を決めるので、来年度のあなたの夢のポジションを教えてくれませんか？」

宇宙飛行士やテレビのパーソナリティになりたいというのであれば私たちにできることは大してありませんが、学校という枠のなかで、どのような機会をつくり出すことができるのかについて考えていたのです。

この質問をするうえで重要なことと言えば、尋ねてみるということです。教師たちが望む仕事をつくり出すことは保証できませんが、彼らにやりたいことを尋ねないかぎり、少なくともそれを知ることはできません。

ある小学校教師は、五年生を教える仕事を大好きと言っていましたが、実は幼稚園の年長組や（8）一年生を教える仕事がもっと好きだったのです。驚いたことに、一年生を教えていた別な教師は、もっと上の学年を教えたがっていました。

そこで、とても単純な交代をさせることにしました。双方の教師とも、新しいクラスで素晴ら

（7）（Liz Wiseman）一七年間オラクル大学副学長および人材開発グローバルリーダーを務めたあと、シリコンバレーに「ワイズマン・グループ」を創設しました。世界各国のエグゼクティブを対象に、グローバルリーダーの養成に力を注ぎ続けています。クライアントには、アップル、フェイスブック、ディズニー、グーグル、マイクロソフト、ＧＡＰなどの企業が名を連ねています。訳書として、後述の『メンバーの方向性を開花させる技法』があります。

（8）八五ページの訳注を参照ください。

しい働きをしましたし、この信じられないような交代にとても感謝していました。

別の教師は、ある教科を教えることが大好きでしたが、今年教えるように言われた教科については、「あまり熱心ではない」と語りました。生徒を教えることが好きな彼には、熱心になれる教科を教えたほうがより効果的であることが分かっていました。そこで、わずかな調整を行い、彼が熱心になれる教科を任したところ、本領を発揮して素晴しい働きをしてくれました。

また、二年生を教えていた教師の反応もよく覚えています。その反応によって、教職員の望んでいることは尋ねなければ分からないということが再確認できたからです。彼女は次のように書いていました。

「私の夢は二年生を教えることで、すでに毎日そうして生きることができています。何よりも、私に考えを尋ねていただいたことに感謝をしています」

時に人々は、自分たちの望むことが実現可能であることを知らないために、共有することを恐れます。

何か新しいことに挑戦したり、熱心に考えていることを試したりする機会を人に与えることは、生徒だけではなく教職員にも価値があります。時に人々は、自分たちの望むことが実現可能であることを知らないために、共有することを恐れます。私たちは、彼らが情熱をもっているポジションに異動させることで、より成功し、組織全体への貢献度が大きくなることを発見しました。そして、ほとんどの場合、彼らの要求にこたえることができたという事実に私たちは驚きました。

私の同僚であり、パークランド教育委員会の学校教育課長であるキャロライン・ジェンセンは、質問に制限を設けないだけではなく、教職員の将来をつくり出すための手助けをするべきだ、という管理職としての信念を教えてくれました。彼女は次のように言っています。

もう一つの重要な質問は、「今後三～五年で、あなたは自分のキャリアをどうしたいのか？」です。各種委員会のメンバーなどで教育委員会が人材を探しているとき、指導部や管理職への異動を希望している者がいることを知っておくことが有益となります。（その見返りとして）教師たちは、経験の幅を広げることで、人材育成と同僚の関係性がつくられるのです。

教師が個人的に興味をもち、特別な活動や事柄を取り入れることで生徒の花をさらに咲かせられるように、教師もまた、彼らを管理する側が個人的に彼らのキャリアに興味をもつことで専門性を伸ばせるのです。生徒と同じように、教師が気遣ってもらえていると感じれば、素晴らしい学校文化をつくり出すことができるのです。

キャロラインは、私たちが奉仕する人たちに心から関心をもって、彼らが情熱をもつ分野で成功できるよう手助けをしてくれました。それによって教師たちは、彼女の期待をはるかに超える働きをしたのです。

オウナーシップの重要性

一旦強みを活かすリーダーシップに焦点を当てると、教職員を勇気づけて、学校や組織が望む方向に導くため、彼らにオウナーシップを与えることが不可欠となります。数年前、新しい教職員たちと仕事をしていたとき、学校内でプロとしての力量形成を図るための教員研修を行うと提案しました。学校内に専門性をもった者がいましたので、学校外から招聘する必要はありませんでした。

校長としてその年は、三つの分野に焦点を当てる研修を提案しました。その結果、教職員のフィードバックをもとに、ＩＣＴの各教科での活用、インクルージョン、クリティカル・シンキング、そしてシティズンシップと社会的責任という四つの分野に焦点を当てることになりました。これらの優先事項は、学校内で結成された各チームによって決められました。

私が唯一出した条件は、各メンバーが、自分の強みが活かせるチームか、強く興味をもったチームに参加するというものでした。自分がもっと改善しなければならないと感じる分野のチームに参加するより、自らの情熱を優先してほしかったわけです。テーマに対してより関心のあるほうが、教職員全員にとってよりよい学びがもたらされる、と私は信じていました。

私は、彼らにチームごとの目標を設定し、成功のレベルを定義するように課しました。各分野のエキスパートとして、成功がどのようなものかを理解し、学校にとってのガイドラインが設定できるようになれば、と思っていたわけです。

校長として、計画を監督しました（私も、リーダーとしてではなく、メンバーの一人として一つのチームに入っていました。これが成功の鍵です）が、教職員として成長し、計画を実現させるためには、教職員が過程と結果にオウナーシップを真にもっていると感じる必要があったからです。これこそが、「私の目標」と「私たちの目標」を達成するということの違いです。

他者から学び、シェアすると同時に、自分たちの強みや情熱を探究することは、私がこれまでに経験したことがないほどもっとも革新的で、意欲的な教師としての力量形成（教員研修）の機会を提供することになりました。各グループが、自分たちのアイディアを実現させ、生徒と教師にとっての学びを改善させるために数々の方法を考え出しました。私たちは互いに支え合い、学び合う間、お互いをさらによくするために刺激もしあいました。

教職員はお互いを専門家として見はじめ、互いの貢献や専門性に価値を見いだしました。この経験における副次的な効果は、自分たちが授業で行うグループワークや生徒主導のアプローチを具体的にモデルとして示せたことです。仕事の違った部分を学ぶことができただけでなく、強力な学びの機会をつくり出すことで、さらに効果的な方法を発見することができたのです。

前進するために

学校のビジョンに貢献する各構成員の強みに焦点を当てることは、イノベーションがバラバラに起きる状態から、組織全体でイノベーションが開花する文化へと移行する際の手助けとなります。個々人が自分自身のユニークな素質に気づき、その強みを学校における学びに活かすことによって、私たちは真の意味で学校の転換を図ることができるのです。

個人の改善点のみに焦点を置く欠陥モデルを使うのではなく、最初に長所に焦点を当て、そこから構築していくことで、自分のクラスにとっても学校全体にとっても、自らの目的を見いだすための環境が整います。これが、第4章で触れた「担任教師」から「学校教師」に転換する方法です。

あなたの学校、教育委員会、あるいは部門を変えてよりよくしていくためには、「必要とされることはすべて組織内にすでにある」ということを理解しておかなければなりません。あなたの仕事は、教職員の才能を解き放つことです。あなたが望んでいる、協力すること、チャレンジすること、価値を見いだすこと、チームやクラス内から学ぶことなどについて、すべての行動をモデルとして示してください。

本書ですでに述べたように、「関係性」が学校にとってもっとも重要な要素となります。一貫して「ここが、あなたの改善すべきところです」と言って会話をはじめたり、「このように仕事をしなければならない」と言ったりすることで「従順な文化」をつくり上げてしまい、みんな価値を見いだせなくなるのです。もし、あなたが学校や組織にとって新参者であれば（あるいは、しばらくそこにいた場合でも）、自分がアドバイスしたいことは少し待って、人々が輝けるのは何かを見極めることです。人々の強みを活かして、組織を前進させてください。

自らが嫌う分野で、本当に革新的になれるわけがありません！

話し合いのための問い

❶あなたの組織における現在の強みは何ですか？　また、それらをさらに前進させるためにはどのような工夫をしますか？

❷あなたが奉仕する各人の強みは何ですか？　また、それらの強みが開花する状況をどのように

してつくり出していますか？

❸人々がサポートされていると感じ、チャレンジすることを恐れないために、どのように「メンタリング」と「部下のあらゆる行動を細かく管理すること(9)」のバランスを取っていますか？

(9)　日本的に言えば、「ほうれんそう」に代表される、細かく報告・連絡・相談を義務づけることと言えます。

第9章 パワフルな学びが一番、ICTは二番

視点というものは洞察と理解とにかかわるものとして使われるとき危険なぜいたくになる。

（マーシャル・マクルーハン[1]）［参考文献1］

私の姪であるビーの愛くるしいビデオを兄がツイートしたことに気づいたとき、私たちは旅行に出掛けるところでした。愛する甥や姪がどうしているのかと気にかけてきた私は、そのビデオを見て、彼女がしていることにびっくり仰天しました。彼女は、お化粧の仕方をビデオで見たあと、彼女自身がお化粧をしているビデオをつくったのです。彼女は、さまざまな色のバリエーシ

（1）（Herbert Marshall McLuhan, 1911～1980）カナダ出身の英文学者、文明批評家。彼を著名にしたのはメディアに関する理論です。

ヨンを見せ、アイシャドウ、リップライナー、マスカラ、そしてチークの塗り方（私は、これらが何であるのか理解するために動画のお世話になりました！）を見せていました。そのとき、彼女はたった四歳でした。

ものすごく愛くるしいことのほかに（贔屓《ひいき》めですが、「Bea's Makeup Tutorial」をユーチューブでチェックしてみて〔参考文献2〕）何が私を驚愕させたかというと、まだ学校に通ってもいない子どもにも、何かから学び、誰かに教えるという機会があることです。

ＩＣＴは、私たちに夢中で取り組むこと（エンゲイジメント）から力をつけること（エンパワーメント）へ前進させました。さらにＩＣＴは、消費することと、つくり出すというより重要な行為によって、私たちに深い学びの機会を与えてくれています。[2]

ジョセフ・ジョベア[3]は雄弁に、「教えることは二度学ぶことである」〔参考文献3〕と言っています。今、歴史上のどの時代よりも、視聴者とつながり共有することで人々は「二度学ぶ」機会をもっています。

二一世紀の学校か、それとも二一世紀の学びか？

最新のＩＣＴを兼ね備えた学校は二一世紀の学校です。すべての意味で現代的です。しかしながら、二一世紀の学びはいまだに提供されていません。もし、私たちが教科書にある情報だけにアクセスし、課題をそのＩＣＴを使って提出しているだけなら、パソコンは一〇〇〇ドルというペンの価値か、それ以下でしかないのです。これは『ブレージングサドル』（メル・ブルックス監督、一九七四年制作）という、古い西部劇のパロディー／コメディー映画を思い出させます。

町民が悪者退治のために偽物の町を造りました。しかし、一陣の風が吹いてすべてが壊れ、コミュニティーは危険に晒されたのです。その変化はうわべだけでした。同じように、教え方と学び方の考えに何の転換もないのに、ハイテクのディバイスを単に教室にぶちまけるだけでは、うわべを飾り立てたにすぎないということです。深い思慮があるわけでもありませんし、真の変化もありません。

トロント大学附属オンタリオ教育研究所の研究者であり、元所長のマイケル・フラン（Michael Fullan）は、「学び方が運転手で、ＩＣＴはアクセルにすぎない」と言っています。この言葉に私は同意しますが、もしＩＣＴが理由で目の前にある学びの機会を理解することができないので

（２）さらに素晴らしいこととは、姪のビーの事例を含めて、自分が学んでいると思うことなく、多くのことを学べてしまうということです。ひょっとしたら、学べていると意識すること自体が、学びを少なくするだけでなく、浅くもしてしまっているのかもしれません。

（３）（Joseph Joubert, 1754～1824）フランスのモラリストであり、エッセイストです。

あれば、学習者にとって関係のない学習成果を生み出すことを加速させてしまいます。判断は学びに焦点を当てて行われるべきですが、今日の世界においてどのような学びの機会があるのかについては理解する必要があります。

そのため私は、フラン氏の言葉を「学習者は運転手で、ＩＣＴはアクセルにすぎない」と言い換えることを提案し、責任を学習者に与え、彼らが自分の学びをコントロールできるようエンパワーしています。

ＩＣＴは、学びを加速化し、拡充し、つくり直させる力を私たちに与えてくれます。教育者とリーダーである私たちは、学習者としての役割を担うことで、このような新しい機会を最大限に活用することができます。

学びの過程を自ら経験することで、ＩＣＴが生徒にもたらす機会をより深く理解することができるでしょう。学びだけでなく、学習者に焦点を当てることで、パワフルな方法で学校や教室の生徒を教育し、ＩＣＴのもたらす効果によってエンパワーすることができ、より大きな倫理的責務に焦点を転換することができます。

> 学びの過程を自ら経験することで、ICTが生徒にもたらす機会をより深く理解することができます。

4 ＩＣＴは単なるツールか？

「ＩＣＴは単なるツールだ」

私のキャリアにおいて、あまりにも頻繁にこの言葉を使ってきたことに罪悪感を覚えています。振り返ってみると、「単なる」という言葉を使うこと自体がＩＣＴをオプショナル扱いにしていると感じてしまいます。ＩＣＴは、私たちの取り組み方や考え方に大きな転換をもたらすだけでなく、かつては存在していなかった機会も提供してくれるのです。

補聴器を受け取ってから初めて音を聞いたという人のオンラインビデオを見たことがありませんか？　私のお気に入りは、「ラクランの初めての補聴器（Lachlan's First Hearing Aid）」［参考文献４］です。生後七週間で初めて補聴器を付けた小さな男の子は、人々が話すのを聞いたとき、文字どおり不思議な感情が押し寄せて目を輝かせていました。ＩＣＴと独創性を活用することによってこの男の子にもたらしたものに、部屋にいた大人たちはみんな感動していました。

私は補聴器を必要としていませんが、ラクランには必要なのです。このＩＣＴは、彼にとっては大きな転換であり、これこそがラクランにとっては重要なことなのです。このビデオを見たことで、「ＩＣＴは単なるツールだ」という言葉を考え直すことになりました。そして、私たちが個々人のために提供できる機会を考え出すとき、多くの場合、私たちの教え方という枠のなかでICTを使おうとしていることに気づかされました。

ICTは標準化するべきでなく、個別化すべきです。ICTはラクランの目を輝かせました。標準化された学校のやり方では、多くの生徒が光をなくしてしまいます。これまで以上に、生徒の目に光をともす機会があるのです。

たとえば、これまではみんなの前で話すことが苦手だった生徒が、今ならビデオやブログ、ポッドキャストというほかの方法を使って、苦手意識をもつことなく自らの意見を共有することができるのです[4]。手作業で何かを創造することが苦手な生徒たちが、今ならマインクラフトなどのアプリを使って世界を創造したり、彼らの芸術的な才能をウェブデザインやプログラミングなどで発揮したりするかもしれません。可能性は無限にあるのです。

> ICTを標準化するのではなく、個別化することが重要です。

学習者中心の判断

生徒たちの学び方にあった教え方を提供したいという目的と欲求が私たちにあったとしても、時に私たちは、簡単で、分かりやすく、安心できるものを選んでしまいます。数年前、私が所属する教育委員会は、すべての管理職にブラックベリー（携帯電話）を支給しました。目的は、容易に連絡できるようにするためでした。緊急時に、簡単に連絡が取れるようにしたかったのです。そのとき、ほとんどの管理職が携帯電話を持ちたくないと言いました。ある校長は、「行く先々に電話を持ち歩いたら、死んでしまうだろう」とまで言いました（この人は、今も生きています し、今はiPhoneを持ち歩いています）。

数年前に話を戻すと、ブラックベリーはディバイスとして、管理職たちではなく教育委員会のＩＴ部門が選択したものでした。

カナダ人である私が言うのは心苦しいのですが、とくにアンドロイドやｉＯＳのオペレーティングシステムが提供するものに比べると、ブラックベリーはそれほどよい学びのディバイスとは言えません。ブラックベリーは、ビジネス・ニーズに焦点を置いていたのです。ＩＣＴ部門と管理職はその機能に関して使い慣れていましたし、大半の人がほかのスマートフォンの性能について探究することを嫌がっていました。ましてや、生徒に携帯電話を持たせることについてはまったく関心がありませんでした。

（4）鉱石や材木などを採掘、収集していろいろなものをつくり、自分好みの世界を創るというゲームです。海外では、プログラミングや算数などの授業でも利用されています。

このような状況のもとで、授業中に生徒が電話に出たり、メールを打ったりすることを許すでしょうか？　しかし、その姿勢は、iPad や iPhone などのモバイル技術を試すことで変わってきました。**私たち自身が体験した学びの機会が、まったく異なる形で生徒たちが利用する可能性を見いだすことになったのです。**

以上に示したたとえ話の要点は、最良のＩＣＴを選択することではありません。大切なことは、生徒に提供する学びの機会に関する教育者の考え方を変えなければならないということです。教育者がＩＣＴを試みたことによって学びの経験が変わり、彼ら自身が、どうすれば新しく、これまでとは違った、そしてよりよい機会を生徒のためにつくり出せるのか分かったのです。

残念なことに、学校で提供されるスマートフォンは、「仕事用の電話」とよく称されています。そのような状況では、教育者は（そして、生徒も）ＩＣＴが与えてくれる無限の可能性を見逃してしまうかもしれません。さらに悪いことに、学校や教育委員会から支給される携帯電話は、「じゃあ、これを使ってどうしろっていうの？」という教師や管理職からの反発を引き起こしています。

教育委員会のある管理職が、学校は一台当たり五〇ドル引きになるから一五〇台の iPad を購入した、と私に教えてくれました。彼女はその後、校長から「新しい iPad を受け取りました。それで、これをどうすればいいのでしょうか？」という電話をもらったと吐露しました。

資金が乏しい教育の世界で、ＩＣＴの機能や可能性を理解していなければ、高いコストで従来どおりの古い学習方法を続けることになります。何も知らないＩＣＴを購入し、「それでどうすればいいの？」と尋ねる代わりに、学習者中心の考えで何ができるのかについて理解するための時間を取るべきです。

リードし、学び、そしてシェアしていく

教育委員会として、もしＩＣＴが効果的な形で使用されている様子を見たければ、教師たちが新しい学習方法を理解し、体験できるように支援する必要があります。このことをふまえて、私たちは「学びのリーダープロジェクト」を立ち上げました。このプロジェクトは、ほかの組織がＩＣＴについて教育者に教えることに成功した、一二回の講座から成るプログラムを採用したものです。

全一二回の講座に参加したあと、各参加者は自分のノートパソコンを受け取ります。私たちはＩＣＴを探究する機会を設けて、彼ら自身が学んだことを共有し、自らのリーダーシップを養うために、このプログラムを私たちのプロジェクト用につくり直しました。

このプログラムでは、各人が学んだ講座のなかから少なくとも二つを選び、それを自分たちの

学校で共有することを必須としていました。また、一二回の講座から六回の講座に縮小し、ノートパソコンを使うのではなくiPadを使うことにしました。

私たちは、教育委員会所管の各学校から、少なくとも一人が六回の講座に出席するように求めました（もし、学校の予算を捻出することができるなら、より多くの参加者を派遣してもよいというルールにしたところ、多くの学校がそうしました）。参加者がICTに優れている必要はありませんでしたが、以下の二つを参加基準としました。

①ICTが提供できる可能性について学ぶことに興味がある。
②所属する学校において教師のリーダーであること。

> もっともよいと思われる意図があっても、時に簡単で、分かりやすく、安心できるものを選んでしまいがちとなります。

講座がはじまる二か月前、各参加者がこれからの学習体験を快適に迎えられるようにiPadが配られました。このiPadは、自分で探究してもいいですし、ゲームをしても、家で子どもに使わせてもいいというように、参加者が自由に使えるものでした。

このプログラムは学びとリーダーシップの機会をつくることを目的としているため、iPad自体を動機づけにするというわけではありません。しかしながらiPadは、彼らにとっては情報と新たな学びとリーダーシップの機会へアクセスするきっかけとなりました。また、持ち運びやすさと広範なアプリケーション、そしてさまざまなことができる機能の充実度が、他者と学びを共有することを楽しく簡単なものにしました。

講座のなかでは、アプリに焦点を当てないようにしました。参加していた教師は、幼稚園から一二年生までと広範囲だったため、アプリに焦点を当てることはナンセンスだと考えたわけです。誰も、自分には関係のない講座については聞きたくないものです。

その代わりに、ＩＣＴを用いた新たな学び方を探究しました。参加者が自分の学びに責任をもち、自分なりの学び方を見つけて欲しかったので、多様な教育の考え方について議論する時間をできるだけ設けたり、ＩＣＴの力と潜在的な可能性を探究したりしました。その理由は、もし教師たちが「なぜ？」に答えることができなければ、「どのようにして？」や「何が？」というところまで考えることができないからです。

また、講座を企画運営している人から学ぶだけでなく、さまざまな人から学ぶという環境をつくりたかったのです。(5) ユーチューブのビデオを見ていても、教育者とスカイプでやり取りをして

(5)　ここに役立つ研修の要素を垣間見ることができます。さらに研修の要素が網羅されている本として『ペアレント・プロジェクト』がありますので、参考にしてください。

いても、対面で話していても、重点を置いていることは、どのようにすればお互いが学び合えるかということでした。

この経験は、全員の学びを深めることになりました。そして、シーモア・パパート(6)が説明しているように、**教師は教えるためだけではなく、自分自身のために学ぶ機会をとても必要としているのです。**

もし、私がよりよい大工になりたければ、私は優れた大工を探して、その大工と働き、モノづくりをするでしょう。それこそが、私がよりよい大工になる方法なのです。なので、もしよりよい学習者になりたければ、優れた学習者を探して、その人と一緒に何かを学ぶのです。

しかし、この方法は、私たちが学校でやっていることと正反対なものとなります。私たちは、教師に学習をさせていません。私たちは、子どもたちに教師と一緒に学ぶ経験をさせていません。その理由は、教師が何を教えるべきかについては、カリキュラムとしてすでに明らかになっているからです。［参考文献5］

このような理由で、「学びのリーダープロジェクト」というタイトルがついているのです。各

人がほかの人をリードする手助けをし、同時に、今日の学びがどのようなものであるべきかという、自らの考え方を変える機会となるからです

「学びのリーダープロジェクト」には多様な教師が含まれます。それぞれ違うレベルの専門知識や快適さがありました。プログラム終了時に期待されることは、各人が前進することであり、全員が同じところに到達することではありませんでした。そして、参加者が学びを自分のものにし、自分たちの学校で紹介することで、多くの学校でＩＣＴに対しての考え方や態度に関して、大きな変化を見てとることができました。

コースを変える

「優れた教育連合」というディジタル学習ディレクターのトム・マレー（Tom Murray）が、「ＩＣＴディレクターが影響力をもち続けるための10のステップ」という、ＩＣＴ部門の役割変化を後押しする記事を書いています。

（６）（Seymour Papert, 1928～2016）数学者、計算機科学者、発達心理学者で、マサチューセッツ工科大学に勤務していました。

典型的な教育委員会のＩＣＴディレクターの役割は時代遅れなものになっています。アメリカにある多くの教育委員会に所属する平均的な教師と話すと、ＩＣＴ部門は教職員と生徒の教育ニーズにこたえるというよりも、妨害していることがよく分かります。時代遅れとされる責任者に主導されている多くのＩＣＴ部門は、気づかぬうちに学びを阻害しているのです。

二一世紀におけるディジタル学習の環境では、従来のコンピューター室に向けて発せられた、「鍵をかけて、閉鎖する」という言葉はもはやありえないのです。［参考文献6］

マレー氏は、教室の内外で教師と一緒に過ごしたり、教師の専門性を伸ばすことを援助したり、生徒たちのためにさまざまなアイディアをつくり出すといったイノベーションのリーダーであり続けており、ＩＣＴの役割を改善するためのアイディアを出しています。私たちは、安全な環境をつくり、あらゆる障壁を取り去ることによって準備するための時間を少なくし、学びを深めるための時間を増やせるようにしなければなりません。

ありがたいことに、私が所属する教育委員会のＩＣＴ部門は、学校でのイノベーションが盛んになるように、生徒と教師が役立つ方法に重点を置いています。生徒のためにつくり出したいと考える学びを基準にして判断するとき、そのための学習環境をつくり出す過程で協力者をエンパワーするには、一緒に働くことが必要不可欠でした。このような考えから、次に紹介する四つの質問がＩＣＴ部門の仕事を助けるだけでなく、生徒に関する判断を下す際の話し合いにおいても助けとなります。

①生徒にとって何が最善か？

この質問は、ＩＣＴ部門だけでなく、私たちの仕事すべてに問われるべきものです。たとえば、さまざまなソーシャルメディアのウェブサイトに制限をかけることによって、生徒を安全に守れるというマインドセットです。しかし、長い目で見れば、よりよい方法と思えるのは教師が問題処理することではありません。時の流れは速く、惑わされることも多い現状を考えると、生徒自らが舵取りできるように教えることが重要となります。

もし、あなたが最新のウェブサイトを使おうと思ったら、ディジタル市民であることと、使用量や使用の傾向について理解することを保証するために、授業中に「どのようなことが起きている状態がいいのか」と尋ねるべきです。

「サイトを開いてください」と言うことは簡単ですが、もし私たちがそれ

学習者は運転手であり、その車のスピードをコントロールするのは ICT である。

をするならば、彼らのオンライン上の安全性を確認することが重要です。この質問によって、管理職、教師、そしてＩＣＴの担当者が理解しあうことができ、助け合うこともできるでしょう。

②これによって学びはどのように改善するのか？

実際はビジネスアプリケーションであったのですが、「ぜひ、学校でも利用するように」と推奨されたソフトウェアプログラムがかつてありました。おそらく、ソフトウェアのしつこい営業マンのためか、あるいは、いくつかの目的のために同じソフトウェアを使うことが経済的であると考えたからでしょう。

もし、教師もＩＣＴ部門も新しいプログラムやソフトウェアが生徒の学習をどのように改善できるかについてはっきりと説明できないのであれば、すべてのパソコンにそのソフトウェアがインストールされるべきかどうかについて、立ち止まって考えてみるべきです。

この質問は、教師やＩＣＴ部門の職員によって発せられたときに役立ちます。たとえば、教師が学会に出席し、すべてのパソコンにインストールしなければならないと思わせるようなすごいソフトウェアを見かけたとしたら、その教師は、ＩＣＴ部門に対してなぜ学習に必要なのかについて明確な説明をしなければなりません。

一つか二つのクラスで、このプログラムの価値や必要なものかどうかについてテスト運用するのはいいのですが、みんなが持つべきソフトウェアやＩＣＴとして売り込むときには、学習にどのように役立つかについて説明ができなければなりません。もし、教師もＩＣＴ部門もこの質問にうまく答えることができないのであれば、時間も教育予算も無駄にしていることになります。

③もし、私たちが○○○をする場合、リスクと効果はどうか？

多くのＩＣＴ部門は、リスクを最低限かゼロに抑えたいと考えています。私たちが何かをするとき、リスクのことは考えるでしょうが、どのくらいの頻度でそのメリット（効果）についてしっかりと考えるでしょうか？

たとえば、多くの学校がツイッターを完全にブロックしています。確かに、生徒がソーシャルメディアサイトを開くというリスクはありますが、そのようなウェブサイトにアクセスすることを許可し、「私たちはあなたたちを信用しています」とコミュニティーに対して（生徒たちはもちろん、保護者たちにも）言うことで大きな効果が期待できるのです。あなたの信頼によって強化された関係に加え、生徒と教師がネットワークをつくり、学びの機会を広げることも可能となります。

ユーチューブを開くうえでのリスクを考える際は、世界で二番目に使われている検索エンジン（グーグルが一番）を使った学習が可能になることのメリットも考えるべきです。私の意見としては、もしあなたが生徒に有益となるウェブサイトの使い方を教えるならば、リスクよりもメリットのほうが多いと考えます。いずれにせよ教師は、「なぜユーチューブが使えないんだ⁉」と嘆く代わりに、そのメリットをしっかりと説明できるようになるべきです。

④これは、少数の人にしか役立っていないのか？　それとも大多数の人に役立っているのか？

この質問は、どんな政策を立てる際にも不可欠となります。しかし、ＩＣＴの場合はなぜか敏感になりすぎています。生徒が鉛筆で人を刺したとしても鉛筆を禁止することはないでしょう。しかし、子どもがネットでいじめにあったら、学校はソーシャルメディアをすぐに使用禁止にして解決とします。鉛筆に比べると、過度に反応しているように思えます。

新しいやり方によって問題が生じたときでも、私たちは数回の間違いによってすべてを禁止しないようにするべきです。革新的な環境における信頼関係を構築すべきです。

これらの質問をすることによって、あなたとＩＣＴ部門の担当者との話し合いははるかに豊かなものになるはずです。そして、オープンに行われる議論の結果は、生徒に無限の機会を与える助けとなることでしょう。

前進するために

私たちが前進し続けるにあたって、「この学習者にとって何が最善か？」という質問を欠くことはできません。「学習者は運転者で、ＩＣＴはアクセルである」というフレーズを覚えていますか？　教育においては、私たち全員が学習者であると認識することがこれまで以上に重要なのです。教師が継続的に成長し、自分の考えを評価し続けようとする気持ちがあるときのみ、生徒が強く求めている学習環境をつくり出すことができるのです。

話し合いのための問い

❶自分の実践で新しい学びの機会をどのようにモデルとして示し、かつ探究し続けますか？

❷あなたの組織において、新しいＩＣＴに関して非公式な学習、探究、そして「遊ぶ」機会をどのようにつくり出していますか？

❸生徒や教職員の学習機会を、どのようにして「標準化」から「個別化」へと転換していますか？

第10章 少ないほうが多くのことを導く

物事はできるかぎりシンプルにすべきだ。しかし、シンプルすぎてもいけない。
（アルベルト・アインシュタイン）

単純化する能力とは、必要なものを際立たせるために、不必要なものを排除することです。
（ハンス・ホフマン）(1)

少なくとも一〇人がメンバーになっている、とてつもなく長い電子メールをあなたはCCで受け取ったことがあるでしょうか？　そのなかの何が、自分に関係のあることなのかと篩《ふるい》にかけること（何かあればですが）を楽しみましたか？　おそらく、そんなことはないでしょう。どちらかというと、読む前にスキミングするか、ディリート（削除）キーを押していたことでしょう。

情報があふれかえっている今の世の中では、「少なくする」ことが確実に「多くなる」のです。ビジネス・スクールで「生徒に何を教えるべきか」と尋ねられたときガイ・カワサキ(2)は、「コミュニケーションにおいては、少ないほうが多くなるのはなぜなのか」と答えました。

彼らは、五つの文章と一〇枚のスライドのみのパワーポイントを使ったプレゼンテーションで、コミュニケーションの方法を学生に教えるべきなのです。もし、彼らがすべての学生にそうすれば、アメリカのビジネスははるかによくなるでしょう。

誰も『戦争と平和』を電子メールで読みたいとは思っていません。誰にそんな時間があるでしょうか？　同様に、一時間のミーティングで六〇枚ものパワーポイントは多すぎます。

あなたが学校で学ぶことは、現実の社会で起こることと反対のことです。学校では常に最低限のことだけを気にしています。二〇ページに達するかとか、もっとたくさんのスライドをつくらなければならないかとか……そのため現実の社会で、「最低限二〇ページで五〇枚のスライドを作成しなければ」と考えてしまうのです。［参考文献1］

（1）（Hans Hofmann, 1880～1966）ドイツ人の抽象絵画を描いた画家で、後進の優れた画家たちを世に送り出したりして、教育者としても著名です。

（2）（Guy Kawasaki）シリコンバレーの著述家、ビジネスアドバイザーで、元アップルに所属していました。

これまで以上に、教育機関は幅よりも深さに焦点を当てる必要があります。常に、質が量に勝っているべきなのです。しかし、そのようなことは、たくさんの新しい取り組みや数々の組織の目標に埋もれていると教師が感じている学校では起こりません。

　教師と組織が達成しなければならない必須項目が目いっぱいあると感じているとき、授業での焦点はテーマを深く学習したり探究したりすることではなく、カリキュラムどおり進めることに偏りがちとなります。

　リーダーにとって、「少ないほうが多くなる」というルールはとてもよいものです。私たちの意図が明確でない場合、イノベーションと深い学びを促すことはなく、混乱と燃え尽き症候群を促進するかもしれません。新たな取り組みを追加する前に、自分自身に尋ねてみてください。

　すでに忙しい状態にいる教師たちに、新たに付け加えることになるのか、それとも取り去ることになるのか？　この新しいプログラムや戦略は、私たちのビジョンを達成するときの助けになるのか？　そして、より具体的に、学びに影響を与える目標は何かということです。

> 私たちの意図が明確でない場合、イノベーションと深い学びを促すことはなく、混乱と燃え尽き症候群を促進することになります。

前進するなかでの間違い

　校長として私は、最初の一年間、教職員に提供したＩＣＴがもたらす機会にワクワクしていました。たくさんの格好いいウェブサイトやさまざまなツールを見ていて、それらが無料で使えることを知っていたからです。自分が入手できたものは、すべて教職員に伝えていました。ツイッターは、「よりよい教育のつくり方」や、授業で今すぐにでも使えそうなコツやテクニックについて、数多くのリンク先を紹介していました。

　早急にこれらのリンクを教職員と共有しなければならないと私は思っていました。自分のチームに火をつけたかったのです。そうすることで、みんなが情報をすべて使えると思ったのです。なんと下手なやり方だったのでしょうか。今思うと、最悪の行動をとっていたことになります。

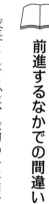

　情報を共有すればするほど、教職員は飽和状態になっていることに私は気づきました。たくさん選択肢を与えれば与えるほど、彼らがそれらを使うことが少なくなっていきました。情報量が多すぎたのです。また、私が共有したことのすべてに取り組もうとした教師は、生徒たちの学習経験に影響を与えうるツールやアイディアの表面をなぞっただけのものでした。

　私たちの学校は、「種類が豊富な庭園」になりつつあるように思えました。実践が知識をもたらしましたが、どのやり方にも専門的にやれるような人はいませんでした。誰のせいでもなく、私の過ちでした。明確な焦点もなく、多すぎる選択肢を教職員に提供してしまっていたのです。

選択肢の逆説

TED《テッド》トークのなかに、私が好きなバリー・シュワルツ氏（六三ページ前掲）の「選択のパラドックス」というものがあります。彼はあふれんばかりの選択肢が存在する世界にいることが、どれだけ悲惨な状態なのかについて説明をしています。同じタイトルの著書のなかで彼は、選択が私たちを導く危険についても語っています。

選択肢がまったくないとき、生活は耐えがたいといってもいい。選択肢が増えると、わたしたちの消費者文化がそうしているとおり、数ある中から選べることで、自主性、管理能力、解放感といった力強いプラスの価値が生まれる。だが選択肢の数がそのまま増えつづけると、いくつものオプションをもつことのマイナス面があらわれはじめる。選択肢が増えるほどマイナスの影響が膨らみ、やがてこちらが負担を背負いきれなくなる。こうなると、選択の自由はわたしたちを解放するどころか、委縮させるものになる。暴圧といってもいいかもしれ

──ない。［参考文献2］

精神的に精いっぱいであった初年度のあと、「もし、自分のクラスで使えるICTをいくつか選ぶことができたなら、あなたはやりますか？」という質問を何度も教職員にしたのですが、彼らからは「もちろん、お願いします」という力強い返答がありました。多くの教師はICTが重要であることを理解していますが、どこから手を付けてよいのか分からないのです。

同じことは、教育のほかの分野でも言えます。「過去三年間に、新たに取り組んだ一〇個について名称が言える学校はどれくらいあるか？」と考えてみてください。あまりにも多くの取り組みついて、私たちは表面をなぞっただけで、三年前に流行していたテクニックが「必要不可欠」だった理由も、最新となるアプローチの目的についてもほとんど覚えていません。

もし、広く浅くよりも深く掘り下げたいと望むなら、すべての新しいアイディア（とくに、とてもよいアイディア）を早急に取り入れて実践しなければならないという思考様式を変える必要があります。すべてを

> 多くの教師はICTが重要であることを理解していますが、どこから手を付けてよいのか分からないのです。

やろうとするのではなく、コミュニティーと協力してつくり上げたビジョンにあう「学びの経験」を生み出すために、しっかりと生徒にもってもらいたい知識やスキルに焦点を当て、そのための教材を選択して身につけられるようにすることです。

たとえば、教育ＩＣＴについて、教育者であるバーナジーン・ポーター（Bernajean Poter）は、「読み書きができる（literate）レベル」から「応用できる（adaptive）レベル」、そして自らが絶えず「変革を起こし続ける（transformative）レベル」へと前進していくアイディアについて語っています。iPad を使用することを例にしながら、具体的な事例として次の三つのレベルを説明してくれています。

❶もし、読み書きができるなら、ディバイスを操作することができます。起動の仕方、それの使いこなし方、アプリの起動方法も分かります。

❷もし、そのディバイスを応用するレベルで使っているなら、このディバイスよりも古い技術のやり方で、この新しい技術を使っていることになります。たとえば、iPad でノートを取ったり、ディバイス上で教科書を読んだりする、といったことです。

❸もし、そのディバイスを絶えず変革を起こし続けるレベルで使用しているなら、以前はできな

> 新しくよりよいアイディアを出すためには、探究と協力のための十分な時間の提供が必要です。

かったことをこのディバイス上で行っているということを意味します。たとえば、動画を作成したり、世界中の人とブログを通してつながったり、どんなときでも、どんな場所でも、クラスメイトと情報を共有したりすることです。

「五〇個の無料ツール」を紹介する一時間のワークショップに参加すると、それぞれの操作方法が分かる段階（読み書きができるレベル）までにはなります。しかし、こうした一般的な講座は、それぞれのツールがもっている学びへの影響に関する潜在能力を最大限まで引き上げるように教師たちをエンパワーするものではなく、表面をなぞることが目的となっています。

一方、少ない選択肢を教職員に提供することに効果がないと思われがちですが、そうすれば、新しくてよりよいアイディアが浮かび上がってくることを目的とした時間を探究や協力に十分費やすことができますので、教師はＩＣＴによって変革を起こし続けるようになるのです。

つくり出すことに焦点を当てる

彼らは孤立した消費者ではなく、対話型の生産者でなければなりません。

（ジョン・シーリー・ブラウン）(3)

創造性とは、私たちが異なる考え方をはじめるところにあり、イノベーションは創造性が現実になったところにあります。真の学びは、生徒が創造することからはじまります。私の最初の目標は、生徒が自身をクリエイター（創造者／製作者）と見なすことです。いったい何人の生徒が、単に板書を書き写したり、ワークシートを埋めさせたりする教師に触発されるでしょうか？

テストのために暗記することが求められている情報を、ただコピーすることにワクワクすることはありません。学びは、自らが知っていることから出発し、そこから何かをつくり出すことによって起こるものです。つくり出すことが、教師の仕事と同じように、生徒の学びにおいても目指すべき目標となるのです。

すべての教育に関して言えることですが、学ぶという行為は、学んだことからつくり出す行為よりも重要ではありません。より少なくすることに焦点を当てれば時間を生み出すことができますので、表面的なレベルではなく深いレベルで探究することができ、私たちを前進させ、革新的にさせる知識をつくり出すことが可能になるのです。

「創造性には時間を要する（Creativity requires TIME）」という教育ビデオで、小学生に、たった一〇秒で時計の絵を描くように促す場面がありました。彼らは何かをつくり出すこと（つまり、絵を描き終えること）を急かされていたため、最終的に完成したものは創造性とはかけ離れた、すべて同じような作品（円の中に12までの数字と針が二つ描かれているもの）ばかりでした。

その後、今度は同じ課題で一〇分という時間が与えられました。すると、猫や爪、そして人などが入った時計が描かれました。言うまでもなく、はるかに創造性にあふれた作品ができ上がったのです。

このビデオが、「創造性は時間のプレッシャーからはもたらされない」ということを明白にしているわけですが、探究し、創造する時間は、新しいものをつくり出して成功させるうえにおいてもっとも重要なものであることが分かります［参考文献3］。

十分な時間を確保するというコンセプト（概念）は、教師という仕事にも反映されるべきです。もし、単に復唱することから創造することや意味のある行動へとステップアップしたいなら、時間の割り当てが十分でなければなりません。私たちの学習が無数の「取り組み」に広く薄く広がっていたら、ほとんどの場合、革新的なものにはなりません。

(3)（John Seely Brown）一九七八年、ゼロックスに入社。一九九〇年から同社パロアルト研究所所長となったほか、数多くの企業の社外役員を務めました。共著書に『なぜＩＴは社会を変えないのか』などがあります。

> 創造性とは、異なる考え方をはじめるところにあり、イノベーションは創造性が現実のものとなったところにあります。

共通の目的

学びは学年の終わりで一時停止するものではありません。また、次の学年の初めに新しく歩みはじめるというものでもありません。もちろん、細切れに起こるものでもありません。常に起こっているものであり、単独で起こるものではなく継続的なものなのです。

これは本当のことですが、ＩＣＴを慎重に使用することで、以前にはつくり出しようもなかった生徒の学びを可視化することができるでしょう。選択さえすれば使えるＩＣＴやアプリによって生徒は、現実の世界を学習目標に結び付けることが容易になります。そして、その知識を用いて新たなアイディアをつくり出すこともできるのです。

校長としての最初の一年間、私たちは焦点を絞り、地元レベルはもちろんですが、地球レベルでも協力できるように、アイディアを共有する三つのツールを選びました。それは革新的な文化をつくり出すという目標のもと、自分たちの学びに役立ち、革新的で、生徒のニーズにこたえられるものです。選ばれたのは次の三つのツールでした。

❶国内外のコミュニケーションを促進する、教育のためのグーグルアプリ（G Suite for Education）。

❷評価を見直し、向上するためのディジタル・ポートフォリオとして使用されるブログ。

❸プロとして教師の学び（日本的に言うなら「継続的な教員研修」）をサポートし、個人学習ネットワークを構築するのに役立つツイッター。

私の学校では、これら三つのツールが習慣として使われるようになりました。あらゆる教科のすべての教師のために、ツールをどのように活用するのかに焦点を当て、それらを使って教え方や学び方を変えました。たとえば、すべての教師が授業でできることだったので、ブログでポートフォリオを作成しました。私たちのブログは、学習を目に見える形にして共有することを容易にしました。

英語の教師は、投稿をすることで自分が学んだことを共有したかもしれません。また体育の教師は、スキルの向上についてビデオを使って共有したかもしれません。そして美術の教師は、作品の写真を投稿し、語学の教師は第二言語を学ぶことについてポッドキャストを投稿したかもしれません。

このような様式は、簡単にすべて学校のポートフォリオに利用できるものです。さらに重要なこととして、教師がＩＣＴを授業や実践として抵抗なく使えるようになったことで、生徒たちの学びに与える影響を理解することがより容易になったと言えます。

前掲した各事例から、すべての教師が大きな目標に関連する共通の目的をもっていたことに気づかれたことでしょう。同時に各教師は、自分のブログに何を加えるかという自律性をもっていました。モチベーションの専門家であるダニエル・ピンク（六三ページ前掲）は、人の成長に目的と自律がなぜ重要なのかについて次のように説明しています。

> 人間は本来、「自律性を発揮し、自己決定し、お互いにつながりたいという欲求」を備えている。その欲求が解き放たれたとき、人は多くを達成し、いっそう豊かな人生を送ることができる。［参考文献４］

管理職として、私は教職員の潜在能力を引き出す手助けをしたいのです。なぜなら、最終的には生徒たちにとって有益なことだからです。ちなみに、生徒もブログでポートフォリオを作成する機会をもっていたと前述しました（一一〇～一一三ページ）。紙を使っていたら、

> 管理職として、教職員の潜在能力を引き出す手助けをしたいのです。なぜなら、それは生徒にとってよいことであり、有益なことだからです。

幼稚園から一二年生までのポートフォリオを管理することは不可能です。ＩＣＴはそれを簡単にしてくれるのです。

私たちは、みんな子どもの成長にかかわる一員であり、そのつながりを、ブログのポートフォリオが目に見える形に表してくれたということを理解すべきです。同様に、このプロジェクトは一か月や一年で終わるようなものではないということも覚えておかなければなりません。すべての変化と同じように、この長期的な取り組みには、忍耐、根気、そして焦点化が必要です。

探究する機会を与える

あまりにも多くの選択肢を提供することは、気持ちの余裕がなくなることにつながるかもしれません。管理職にとって大切なことは、指定したツールやリソースだけを使わせることで教職員を制約しないことです。一貫したツールを使うことで、ＩＣＴを使ったイノベーションをつくり出すことはできるでしょうが、もしあなたが継続的な探究を奨励したり、モデルで示したりすることがなかったら、教え方が停滞するという可能性があります。

私は、教職員を情報攻めにしないように気をつけながら、彼らが新しいことを探し、試すことを応援しています。最終的に、探究や試み、そして失敗が仮に複雑なものになったとしても、その過程では力強い学びが起こっているのです。それゆえ、もし人々がすでにしていることをはるかに超えられると思っている場合は、彼らにそれを実現してほしいのです。お願いしたいのは、私たちのビジョンに向かって協力して前進していくために、彼らが身につけた専門性や新たな学びを共有することです。

　そして、最終的には、教職員の「やることリスト」に重要なものを加え、不必要なものを取り除き、しかも一人ひとりの「やることリスト」の長さは違うということを、管理職として肝に銘じておく必要があります。

イノベーションは学校や教室によって異なる

　すでに述べたように、イノベーションはＩＣＴのみにかぎられるものではありません。むしろイノベーションは、あなたの学校が重要だと考える分野に重点を置くべきでしょう。ＩＣＴは、健康面だろうが、ロボット技術だろうが、ビジュアルやアートパフォーマンスだろうが、どんな対象でもイノベーションのための促進役になります。ビジョンと置かれている状況に応じて、あなたの文化の一部にするためのアイディアが生み出され、実現させることができるでしょう。

　インタビューで、ウエスト・バンクーバー教育委員会の教育長であるクリス・ケネディーは、管内にある一七校は何に取り組むかではなく、「教師のイノベーション・チーム」をもつことに重点を置いていると語りました。それぞれのチームは、教育委員会を前進させるため、さまざまなアイディアを研究・成長することに焦点を当てています。彼は、「取り組む」という言葉を、設備の改善やICTの導入などのためにとっているのです。

彼は、学びの構造や方向性に目を向けています。第8章で個々の強みを引き出すことについて議論したように、数少ない分野をリードするチームを成長させるためには、教師を個人的に関心のもてない分野のリード役に指名するのではなく、情熱を抱いている分野のリード役にする必要があります。

クリスのイノベーションへのコミットメントとしては、組織内の三つの分野が挙げられます。「探究」、「自己規制」、そして「ICTへのアクセス」です。彼は、魔法が起こり得る場所であるそれぞれの学校で、この三つは違うように見えることを強調しました。もし、すべての学校とクラスにおいて、画一的に行う授業と同じように「イノベーション・チーム」をつくってしまったら、イノベーションのもっとも重要な要素である「共感」を無視することになってしまいます。

教育では、私たちがかかわるコミュニティーを理解することが、それぞれの個性的なコミュニティーを繁栄させるためのイノベーションにおいて、重要かつ必要不可欠なこととなります。

しかし、基礎・基本は大丈夫ですか？

シンプルさとは、当たり前な部分を取り除き、意味のあるものを加えることです。
（ジョン・マエダ）[4]〔参考文献5〕

組織内の「イノベーション」と「二一世紀の学び」についての話では、「読み・書き」と「算数・数学」の基本的なスキルが忘れがちとなっているのではないか、と心配する人もいます。実際には、多くの学校でまったく逆のことが起きています。

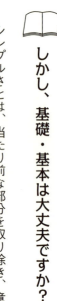

イノベーションは、生徒が基礎・基本を学ぶことを要求しますが、その教え方については、過去数年と比べると違ったように見えるかもしれません。言うまでもなく、基礎・基本は重要ですが、私たちが生徒に教えることは基礎・基本だけであってはなりません。

オレゴン大学の教授であるヨン・ザオ（Yong Zhao）は、二〇一二年のＩＳＴＥ（国際教育技術学会）の会議で、このことについて分かりやすく要約していました。彼は会議のなかで、「読み書きは天井ではなく、土台でなければならない」〔参考文献6〕と述べていました。もし、私たちがこの世ですでに起こっている変化を受け入れなければ、生徒たちの将来に備えることができません。私たちは、現在にすらついていけなくなってしまうでしょう。

二〇一〇年にカナダ・アルバータ州政府教育省は、「ホール・チャイルド（全人的な子ども）」の発達に焦点を当てはじめました。このアプローチでは学習の核が基礎・基本となっていますが、それははじまりにすぎません。

同心円の中央に据えた生徒からはじまり、次の焦点は読み書きと算数・数学となります。そこから教育は、話し合いのスキル、協働性やリーダーシップ、クリティカル・シンキングや問題解決能力、創造性とイノベーション、社会的責任、コミュニケーション、ディジタル・リテラシー、そして生涯学習などのスキルにまで広がっていきます。

では、教室でこれらはどのように見えるのでしょうか？　たとえば、小学生が読み書きを促進するために「ジャーナル」をノートに書き留めるとします。従来のやり方では、学級規模から察するに、生徒が一回書いて、すべての生徒に教師が解答できるのは年間に一五〜三〇回となるでしょう。

（4）（John Maeda）グラフィックデザイナー、コンピューター科学者、大学教授、作家。前ロードアイランド・スクール・オブ・デザインの学長です。デザインとテクノロジーの融合を追求する第一人者として知られています。

> ICTは健康、ロボット、ビジュアル、舞台芸術などのプログラムのイノベーションを加速します。

しかし、「ホール・チャイルド」アプローチでは、ブログを用いたポートフォリオをもつ生徒たちによって、同じ読み書きの目標にたどり着くかもしれません。

生徒たちがまず投稿を書き込み、五人のクラスメイトのブログ投稿にコメントを書くようにするのです。この場合、書くのは一回ではなく、少なくとも六回は書くことになります。もし、自分自身のブログへのコメントに返信をしたら、さらに増えることになります。

彼らは、継続して読み書きをすることになるのです（私たちの学校時代とは比べ物にならないぐらい、はるかに機会が多いのです）。そして同時に、彼らは協働性、コミュニケーション、クリティカル・シンキング、そしてディジタル市民としての資質を養うことになります。(5)

教育では、時間がもっとも貴重で希少な資源です。その真実が、何か一つのことをするとき、生徒たちに複数の目的をもって学ぶ機会を与えることの必要性を明らかにしています。

学んでいることを意図的によりよくするためには、「やることを少なくする」ということが非常に重要となります。先に示した例は、リテラシーはただ単に読んだり書いたりするだけではない、ということを表す数ある例の一つでしかありません。(6)

つまり、ブログを書いたり、ポッドキャストを共有したり、ビデオをつくることとは、教師が学びの経験を最大限に活用する技術のうちの数例でしかないのです。そして、それらは、生徒に基礎・基本をマスターさせる手助けとなっているだけでなく、他者とコミュニケーションを取ることから学ぶという、実用的なスキルを身につけさせることにもつながります。

前進するために

「あなたの学校が探究している三つの大きなテーマは何でしょうか？」

このような質問を教職員や生徒からされたら、どのように答えますか？　全員が同じ答えを言うのでしょうか？　それとも、二桁以上の答えが挙がってしまうでしょうか？

ほとんどの教師が、過去二～三年に廃止された取り組みよりも、同じ期間に追加された取り組みを簡単に挙げることでしょう。新しい取り組みを継続的に追加することは、教師を燃え尽き症候群に追いやるか、教師という職業から完全に離れさせることになります。

学校や教育制度として、取り組みやツール、テクニックなどの数を減らせれば、深い学びがどのように見えたり、感じられたりするかについて発見するための時間的な余裕が得られます。焦

（5）従来の教師と生徒の一対一のやり取りでは、これらのスキルを身につけるのは不可能です。あの「綴方教育」でも、そして数年前の「ジャーナル」でも、これらの視点は眼中にありませんでした。

（6）「作家の時間、おまけ」で検索すると、従来の書く指導と異なる教え方で多様なスキルが身につくことが分かります。

点を二つか三つに絞ることで、教え方と学び方のイノベーションを促進することができるのです。そして、焦点を絞り込むことで混乱や不満、そしてストレスが少なくなり、結果的にあなたのできることが増えるのです。

同時に、校内や世界中にいるほかの教師とそのようなアイディアや学びの体験を共有することで、あなたは理解を深める手助けをし、従来とはまったく異なる学びを実現し、イノベーションのためのアイディアを広めることにもなります。

カナダ教育協会の理事長兼ＣＥＯのロン・カニュエル（Ron Canuel）氏が次のように言っています。

教育上の真のイノベーションは、「クリティカル・シンキングを育成し、リスクを負う者をサポートし、そして進行中のイノベーションを奨励するものであり、授業内の創造的で洞察力のある学び方と教え方に高い価値を置く」新たな構造が築かれたときのみに起こる。［参考文献７］

レーザーのごとく細部に焦点を当てることで、深いところまで思考を推し進め、前進するための新たなアイディアを生み出すことができるのです。

もし、私たちがカニュエル氏の示すスキルを育成する仕組みをつくろうとするなら、教師は「多芸は無芸」が当てはまらないように努めなければなりません。レーザーのごとく細部に焦点を当てることで、私たちは深いところまで進み、思考を推し進め、前進するための新たなアイディアを生み出すことができるのです。

少ないことは、確実に多くのことを導くのです。

話し合いのための問い

❶あなたのビジョンを実現するために、あなたと学校が重点を置くべき重要な分野は何ですか？

❷特定の分野において、チームがリードする機会と時間をどのようにつくり出し、どのように「成功」を評価しますか？

❸前進するにあたり、教職員や学校の「やることリスト」を減らすことができますか？　何を残し、何を消すべきですか？

第11章 オープンな文化を受け入れる

よいアイディアを得るための最良の方法は、多くのアイディアをもつことです。
（ライナス・ポーリング）(1)

教室に入ってすぐ、私は何か違いを感じました。

このクラスの先生であるジェフ・アンルー（Jeff Unruh）にはこれまで会ったことはなく、彼についてほとんど何も知りませんでしたが、教室の雰囲気は彼のコミットメント（最大限の努力をしていること）と情熱を語っていました。

一緒にいた同僚に、「彼はツイッターをしていると思いますか？」と尋ねました。私は、彼女に経験に基づく推測をしてもらいたいと思ったのです。彼女の答えは私と同じで、「もちろん」というものでした。どうして分かったのでしょうか？　教室のどこを見ても、つながり、コラボレーション、そしてもちろんイノベーションの痕跡が見られたからです。

　ユニークな座席の配置、そして生徒が人と異なる考えに挑戦するように促している環境は、この先生の考え方を知る手がかりを与えてくれました。教室には「才能を磨く時間（Genius Hour）」と、最近の「制作発表会（Maker Fair）」に関する通知が目立つように展示されていました。さらに私が訪問したとき、彼のクラスは、ある生徒の祖父母であるチェスの名人からチェスを教えてもらっているところでした。

　この教室について紹介するなかで、私はまだＩＣＴに関しては触れていません。もちろん、生徒はコンピューターを使うことができましたが、学習環境が違っていたのです。生徒の関心を把握し、その強みと情熱を活かすような、多様性のある素晴らしい授業を展開していました。(2)

　彼はツイッターを利用しているということでしたが、利用頻度はそれほど高くありませんでした。彼がありがたいと思ったことは、アクセスすることができた人々からの情報でした。彼はその情報を活かして、授業をどのようにして魅力的なものにするかについて教えてくれました。

(1)（Linus Carl Pauling, 1901～1994）アメリカの量子化学者、生化学者。二〇世紀におけるもっとも重要な化学者の一人です。
(2)このことを実現する方法が、たとえば『ようこそ、一人ひとりをいかす教室へ』『一人ひとりをいかす評価』および『教育のプロがすすめる選択する学び』で紹介されています。

ツイッターを使って授業に影響を与えたかどうかと尋ねたところ、彼はしばらく考えて、それを「ゆでガエル」の逸話にたとえていました。(3) つまり、段階的なインプットと変化によって、彼は現在の位置に到達できたということです。

ツイッターの「投稿を読むだけの人」であることで、彼は小さなステップを踏んでいくというインスピレーションを得て、結果的に際だった差をつけることになったのです。もちろん、ツイッターを利用していない人は「ダメだ」と言っているわけではありません。ツイッターを利用したからといって偉大な教師になれるわけではありませんし、ツイッターを利用していない人がダメな教師になるというわけでもありません。

オンラインに接続しないことを選択したにもかかわらず、驚くべきことをやっている素晴らしい教師がたくさんいます。とはいえ、素晴らしいアイディアへ四六時中アクセスできることと、ツイッターなどのソーシャルメディアはほかのユーザーとの交流を促進しますので、新しいアイディアへのアクセスを可能にします。ネットワークは、人々がよりよくなることを助けてくれるのです。そうならないわけがないでしょう！

この教師の教室は、私が教えはじめたときの教室とはかけ離れたものでした。正直なところ、現在の教師がアクセスできる情報に私はアクセスすることができませんでした。日々、学校の教師に絶えずアイディアをやり取りするようにと言っていますが、現在毎日行われているグローバルなレベルのやり取りと比べると、私はかなり孤立していました。

今日、孤立は教師が選べる選択肢になっています。近年、私たちのつながりや学びの機会は大きく変化しました。そして、ありがたいことに、多くの教師がこれらの変化を利用して、自分自身、さらに重要なこととして生徒たちに利益をもたらしています。私たちは、今情報にアクセスできますし、同じレベルで価値があることは相互に情報を共有しあえるのです。私たちには、それを利用する必要があるのです。

「Call Me Maybe（電話してくれるよね）」

私が今やろうとしていることを、先にお詫びしておきます。あなたは、二〇一二年の『電話してくれるよね』という曲を覚えていますか。ハーバード大学の野球チームがワゴン車で行ったバージョン(4)、ジミー・ファラン（Jimmy Fallon）のバージョンでは初等音楽教室の楽器(5)、セサミストリートのバージョンはクッキーモンスター（Cookie Monster）(6)、さらにはオバマ大統領のリ

(3)　熱いお湯にカエルを入れると驚いて飛び跳ねます。ところが、常温の水に入れ、徐々に熱していくと、その水温に慣れていくことによって、熱湯になったときにはもはや跳躍する力を失い、飛び上がることができずにゆで上がってしまうというものです。

ミックス（複数曲を編集）では、誰かが彼の演説から一部を取り出し、それらを歌と調和させることによってつくったものを歌っています。(7)

私はジミー・ファランのバージョンを見たのですが、教師として自分が目覚めるまでこの曲を嫌っていました。それを聞いたあと、私はオリジナルを購入しました。この曲のたくさんのユニークなバージョンは、本来のアーティストが作成したものにリスナーを引き戻したのです。(8)

今日一般的になっているパロディーやバリエーションは、かつての著作権の考え方からするとかなり変化したものとなっています。アーティストの古い考え方は、「私の作品をコピーしたり修正したりしたら、あなたは私の生計を奪ってしまうことになります」というものでした。今や、リミックスや再共有の能力は、誰もが勝者になれる文化をつくり出しています。

ローレンス・レッシグの(9)「法が創造性を圧迫する」というTED《テッド》トークでは、私の世代（と私よりも経験年数が多い人々）と若い世代の違いについて、「私たちは編集したテープをつくりました。彼らは音楽をリミックスします。私たちはテレビを見ました。彼らはテレビ番組をつくっています」と語っています［参考文献1］。

そして、それが起こることで、プロは多くの人と共有することから利益を得て、アマチュアは自由に創造する能力を楽しみながら学ぶのです。

「アマチュア」と「プロ」の境界線がぼやけるようになりました。確かに、プロのアーティストのなかには、この境界線の曖昧さを脅威としている人がいます。対照的に、豊かな考え方をもつ人々は、このような新しい時代がより強力な製品やブランドをつくり出すために、人々のユニークな強みを活用できることを知っています。

では、このことが教育とどんな関係があるのでしょうか？

その答えは、すべてです。

第3章（六二ページ）で述べたように、ＴＥＤトークを再興した起業家のクリス・エンダーソン氏は、二〇一〇年のＴＥＤトークで「ウェブ上の動画が後押しする世界のイノベーション」の考え方について話していました。彼はダンスの例をもち出し、ビデオを通じてダンスを見ることで、人々のダンスのスキルと多様なアートの人気を高めていると指摘しました。また、ユーチューブは人々に自ら教えることを可能にしている、と指摘し

> 教育の指導者として、オープンでつながった学習を促進して活かす必要があります。

（4）

（5）

（6）

（7）

（8）

（9）（Lawrence Lessig）アメリカの法学者。専門は憲法学およびサイバー法学。ハーバード大学法学教授およびエドモン・J・サフラ財団倫理センター所長。

ています。そして同時に、それが提供する「見える化」は、卓越性についても貢献しました。

エンダーソン氏は、ほかの人たちとの素晴らしい講演を見て、TED《テッド》の出演者たちによる説得力のある講演を促したことを認め、「ウェブ上の動画が後押しする世界のイノベーション」のなかにおいて三つの重要な要素を指摘しました。

①**共通の関心をもつ人々**――「群衆が大きくなればなるほど、潜在的なイノベーターは増えます……。彼らは、イノベーションが生まれる生態系をつくり出しているのです」

②**他人が何をしているのかの「見える化」**――「群衆のなかで、最高の人々ができることをはっきりと見えるようにする必要があります。それは、あなたが学び、参加することに駆り立てられる方法だからです」

③**変化し、成長し、そして改善したいという欲求**――「イノベーションには努力が必要です。それは、数百時間の研究や実践に基づいているからです。強い欲求がなければ、それは起こりません」［参考文献２］

私が本章の冒頭で言及したジェフ・アンルー先生は、これら三つの事柄すべての利益を受けていましたので、短期間で彼の行動は大きく変わることになりました。

❶彼はほかの教師と学校や教育委員会内だけでなく、ソーシャルメディアによって（群衆と）つながっていました。
❷彼らのアイディアは誰にも見える形で共有されており（見える化）、彼が奉仕するコミュニティーに最適なものを普及させることができました。
❸最終的に自分がよりよくなりたいという欲求が、生徒にとって必要となる革新的な環境を自分の教室につくり出すことを可能にしました。

ラルフ・ウォルドー・エマーソン(10)は、「情熱なくして偉業が達成されたことはない」［参考文献3］と語りました。ジェフ・アンルー先生は、それを間違いなく実証していました。第8章（一八二ページ）で紹介した『メンバーの才能を開花させる技法』という本のなかには、次のように書かれています。

――リーダーにとって大切なのは、自分が何を知っているかではない。メンバーの知識をどれ

(10)（Ralph Waldo Emerson, 1803～1882）アメリカの思想家、哲学者、作家、詩人、エッセイストで、無教会主義の先導者です。

だけ活用できるかだ。チームメンバーがどれだけ賢いかではなく、その能力をどれだけ引き出し、使えるかに着目することだ。［参考文献4］

よりよいダンサーの育成であろうと、音楽の創作やリミキシング（新しい曲をつくるために、完成している曲の音声トラックを編集すること）であろうと、よりよい授業の計画であろうと、よりオープンになれば素晴らしいことが起こり得る可能性が飛躍的に増加するのです。イノベーションの専門家であるスティーブン・ジョンソン氏（xivページ前掲）は、「創造を可能にするたくさんのつながりがある環境に心を開くことができれば、私たちはより創造的に考えることができるのです」［参考文献5］と述べています。教育のリーダーとして、オープンでつながった学びを推進し、それを活用しなければなりません。

素晴らしい学びが拡散することを、どのようにして助けますか？

私が教師だったときに教頭を務めていたキャロライン・キャメロン（Carolyn Cameron）との会話が、私が管理職に就いたときの働き方の基本になっていました。彼女は管理職になったことで、素晴らしい先生たちが教える姿を見ることになりました。そして、そのことが彼女をよりよい教育者にする助けとなったのです。また彼女は、それほどよいとは言えない実践からも学んでいました。

彼女のこのような行動は適切なものと言えます。彼女の行動から私は、よりよい教育者になるためには、より多くの教師にアクセスすることが最善の方法であるということを学びました。毎日さまざまな教室を訪問して、有能な教師が何をするのかを観察し、それを吸収するように私は努めました。

彼女と同じように、私は管理職として柔軟に対応できるので、ほかの教師を観察することは容易でした。しかし、予算と時間という制約は、教師に同じ機会を与えるだけの余裕がありません。私の思考から離れることのなかった問いは、「素晴らしい学びが拡散することを、どのようにしたら助けられるか?」でした。

革新的な教育分野の思考リーダーであるウィル・リチャードソン（Will Richardson）と、私の兄弟で、教育者のアレック・クロス（Alec Couros）との会話の直後、私は何かを変えなければならないと強く意識しました。

私が見たクラスのいくつかで発見したICTについて話したところ、ウィルは「それらの強力な教え方と学び方について、教職員とどのように共有していますか?」と尋ねました。私が「共有していない」と答えると、彼は「あなたは共有することに関心がないのですか?」と簡単に言いました。彼の質問（それは、意見の表明だった）は、多くの優れた教師から学んだことを私が溜め込んでいることに対する批判でした。

これらの貴重な情報をしまい込んでおく代わりに、私は定期的に、教室で見たことをツイッターと自分のブログで共有しはじめました。オープンなプラットフォームによって、私の事例紹介は私たちの学校にかぎらず世界中に届きます。前述したように、世界中の人々が「アイデンティティーの日」（四三ページ参照）という取り組みを読んでいるのです。

「アイデンティティーの日」の間に私が見た素晴らしいことについて、学校や教育コミュニティーにツイートしたとき、ほかの都市や他国の人々が気づいて質問をしてきました。ソーシャルメディアは電子メールではありませんが、私の兄弟が言っているように、「カップを情報の流れのなかに浸している」ように思えます。

あなたは、すべての情報に通じている必要はありません。単にその場にいるだけで、最高のアイディアがあなたに届くのです。

私たちの「アイデンティティーの日」は、生徒の学びと関係に大きな影響を与えました。その経験を自分だけに留めることができるでしょうか？　そんなことはできません。そして、「電話してくれるよね！」という感覚で、人々は私が共有した取り組みやストーリーを受け入れ、それを自分たちのコミュニティーのニーズにあうように編集したのです。それによって、自分の生徒をより知ることになり、生徒同士が仲良くなるように促すことも可能となりました。

ほかの人たちが「アイデンティティーの日」の取り組みを共有し、修正してくれたおかげで、世界中の生徒が恩恵を受けることができました。そして、私たちのリーダーが、ほかの人たちが作成した独自の「アイデンティティーの日」を参考にして、元のコンセプトを見直して微調整する方法を見つけています。しばらくすると、その取り組みがどこではじまったものなのか分からなくなってしまいましたが、それは問題ではありません。重要なことは、その取り組みが生徒たちにプラスの変化をもたらすために役立ったということです。

第4章では、「担任教師」と「学校教師」の違いに注目しました。インターネットは、「グローバルな教師」に強力なさらなる一歩を踏み出すことを可能にします。あなたが共有する取り組みは、自分の生徒だけでなく、世界中の生徒たちにも影響を与える可能性があるからです。

では、なぜもっと多くの教師が自分の学んでいることや教えていることを共有しないのでしょうか？　私は、多くの教師が「共有するだけのものをもっていません」と話しているのを聞いたことがあります。それに対する私の反応は、常に、「それでは、あなたの生徒のニーズをどうやって満たしているのですか？」となります。

私は、教師に嫌な思いをさせるつもりはありません。それどころか、まったく反対です。私の意図は、これらの教師がしていることが、たとえ普通のように見えるものであっても、誰かにとっては非常に有益であり、洞察に富んでいるということを理解してもらうことにあります。デレク・シヴァーズが、[11]この点について素晴らしい短編ビデオ「あなたには当たり前でも、ほかの人にとってはすごいこと（"Obvious to You. Amazing to Others."）」［参考文献6］で描いています（ユーチューブで見てください）。

この職業に就いた最初の数年間と現在を比較しても、教え方や学び方のスタイルがどれほど根本的に変化しているのかについてはすぐに気づかないかもしれません。先に紹介したジェフ・アンルー先生のように、私たちの実践は時間とともに徐々に変化します。しかし、あなたが学んだことを本当に考慮するために少し立ち止まってみれば、過去に行った実践の一部について、恥ずかしさのあまり頭を左右に振ってしまう場合があるかもしれませんが、自らの進歩と成長には感謝（ひょっとしたら感動すら）するかもしれません。

これは、誰にでも当てはまります。今から一〇年後、あなたの知っていることや、どのように考えているかについては、必ず現在とは違ったものになっているはずです。それは、あなたの個人的な成長とプロの教師としての成長[12]だけでなく、世界が提供を続ける新しい機会のためです。そこで私が提案するのは、学びのすべてのステップを共有することです。それによって、ほかのたくさんの人があなたの経験から恩恵を受けることになるのです。

共有することによる学びとリーダーシップの加速化

あなたの学びを共有することは、ほかの人にとっても役立つわけですが、それはあなたにとっても有益なものとなります。私がブログに記事を書き込むたびにほかの人がそれを読むことを知っていますので、共有しようとしていることについては深く考えてから書いています。私は、素晴らしいことを共有したいと思っています。

第3章では、クライブ・トンプソン（六〇ページ前掲）が書いた「Wired《ワイアード》」の記事、「最悪のブロガーでさえ私たちをよりスマートにする理由（Why Even the Worst Bloggers Are Making Us Smarter）」を紹介しました。この記事では、読者がいることの大切さが強調されていました。

---

(11)（Derek Sivers）独立したミュージシャンたちのためのオンライン音楽ショップ「CD Baby」の創業者です。

(12) 英語の文献には「professional learning, growth, development」という言葉がよく出てきます。日本で教員研修や校内研究という言葉が使われますが、それでは主体性のあるところが逆転しています。前者は主体性が教師にありますが、後者は教師自身にあるとはなかなか思えません。今の日本で一番求められているのは、プロの教師として主体的に学び／成長／発展し続ける方法です。まさにこのテーマで訳者二人を含めた四人のメンバーが情報を発信し続けているのがブログ「PLC便り」ですので、覗いてみてください。

同記事には、「ソーシャルメディアや電子メール（この記事が書かれた時点で、一日に三六〇〇万冊の本に相当する量）でインターネットに投稿されたコメントの多くはシェイクスピアのレベルではありません。しかし、私たちがより多くのことについて書いている事実が、私たちの考え方を変え、新しいアイディアの創造とグローバルな知識の向上を加速するのです」［参考文献7］とありました。

私たちの思考を本当に推し進めていくのは、情報を詰め込むことではなく、ほかの人が読むということを前提にしてアイディアを振り返り、つくり出し、共有することなのです。私たちがつながればつながるほど、チャンスは増えることでしょう。そして、スティーブン・ジョンソンが二〇一〇年のTED《テッド》トークで言ったように、チャンスはつながりあっている心を好むものです［参考文献8］。

私たちがリーダーとして自らの成長を加速させたいのであれば、単にほかの人たちを促すだけでなく、アイディアを共有するために積極的に参加する必要があります。

二〇一一年、バーリントン・ハイスクールの校長（現在は同じ教育委員会の教育次長）であったパトリック・ラーキン（Patrick Larkin）の力を借りて、私は「つながる校長たち（connectedprincipals.com）」というサイトを創設しました。このサイトは、リーダーがほかの管理職と共有したり、協働したりできるスペースとなっています。

これには、自分たちの学びとリーダーシップを加速させることと、個人として常に成長する意欲をモデルで示すという二つの目的がありました。また、ハッシュタグ「#cpchat」（Connected Principals Chat）を使用して、ソーシャルメディア上での共有アイディアをより見やすくし、ヘルプが必要な管理職にとっては「瞬きの合図」として機能させています。

ほかの管理職から四六時中サポートを受けられることは大変ありがたいことであり、このようなつながりは学校管理職にかぎられたものではありません。あなたが何を教えていようと、ハッシュタグを利用すれば、科学（#scat）、幼稚園（#kinderchat）、フランス語のイマージョン教育（#frimm）など、世界中の人々と学び合い、共有することができるのです。

競争のあるコラボレーション

オープンな文化をつくり出すということは、「協働」と「競争」を同時に促進することになります。協働と競争がバラバラだと有害になるかもしれません。あまりにも多くのコラボレーションは必ずしも私たちのベストを引き出すわけではありませんし、あまりにも多くの競争は私たちを孤立させる可能性があります。しかし、オープンな環境での「競争のあるコラボレーション」は革新を加速させます。

競争が有害な場合もあります……。

A学校とB学校は生徒を獲得するために競合しています。そのため、どちらの学校も「企業秘密」を競争相手と共有することはできません。この秘密主義の考え方には二つの問題があります。

第一に、競争上の優位性を得ようとして最善のアイディアを共有しないので、マイナス面に自らを置く可能性があります。あなたの学校が何か素晴らしいことをしていることを誰も知らなければ訪ねる人はいないでしょう。この秘密主義における第二の、そしてより厄介な問題は、目的が生徒を助けることではなく、学校自体を助けることにあるということです。

とはいえ、競争のあるコラボレーションがアクセル（加速装置）になる可能性もあります。一つの例を紹介しましょう。

> オープンな環境での「競争のあるコラボレーション」は、革新を加速させます。

同じ教育委員会の管内にある二つの高校が、同じハッシュタグを使ってそれぞれの活動を公開して共有しました。学校間の協力は、教師だけでなく生徒にとっても有益でした。片方の学校が一方の学校がやっていない活動を行い、両方の学校の生徒たちがそれを素晴らしいと思ったときに競争になりました。

あとからはじめた学校の生徒たちは、最初にはじめた学校の活動を上回るつもりはなく、単にアイディアを取り入れて、いくつかの修正を加えただけでその成果を公表しました。二校ともお互いを助けることを目的としており、相手を出し抜くつもりはありませんでした。

この競争の最終的な勝者は誰でしょうか？　それは生徒たちです。教育において「競争」という言葉は、生徒に悪い影響を与える場合にのみ「悪い言葉」となります。

「共有すること」を、自分たちをサポートし、さらによくなるためのものと捉えることができれば、勝者は常に生徒となります。管理職、教師、生徒がオープンな環境でお互いに役立つことにコミットした場合、深くて強力な学びの機会は誰に対しても訪れる可能性があるのです。

世界を相手に、影響は足元で

世界規模で情報を共有する機会は学校内の「壁」を壊す力もあります。いかなる学校も授業のある日は忙しいので、プロの教師としての学びに時間を費やすことは難しいです。ハッシュタグを使用することは、私たちの学校における教師間のつながりをつくり出す簡単な方法と言えます。ニューヨークのジェリコにある小学校の校長であるトニー・シナニスは、自分のツイッターアカウント（@TonySinanis）と学校のハッシュタグ（#Cantiague）で自らの学校における実践を公開しています。

このハッシュタグをチェックすれば誰でも、彼の学校の教師が教室で何をしているのか、どんな本を読み、どんなブログを書いているのか、生徒が何を書いているのか、そしてブログニュースレターを（ビデオブログも）見ることができます。

ハッシュタグは、コミュニケーションのためというよりも、コミュニティーのためのものと言えます。トニーは、「上意下達」ではないやり方で意思疎通することで、このコミュニティーの精神を具現化しています。彼の例は、自分の立場にかかわらず、誰からも学ぶことができるという現実をモデルとして示しているのです。

学校や教育委員会のハッシュタグのシンプルさは、単純に学校でのイベントを共有するよりも意味があります。このことについて考えてみましょう。

すべての教師が（学校のハッシュタグを使用して）一日に一つ教室で行ったことをツイートして、ほかの教師のつぶやきを読むのに五分間を割いたとすればどうなるでしょうか？　この極めて簡単な行動が、学びと学校の文化に与えるであろう大きな影響を想像してみてください。

> すべての教師が１日１回、自分の教室で何かについてツイートし、ほかの教師のつぶやきを読むために５分間を割いたら、何が起きるでしょうか？

私は、この実践における利点を直接体験しました。私の所属する教育委員会は、ハッシュタグ

（#PSD70）を使用しています。教育委員会の管轄は一六〇キロメートル四方を超える広さがあるにもかかわらず、学校というコミュニティーに属するほかの人々と情報を分かち合うことで、より深いレベルでお互いを知るようになりました。

ブリティッシュ・コロンビア州最大のサリー教育委員会は、七万一〇〇〇人以上の生徒を擁し、教育委員会のイノベーション・テクノロジーに対する「ISTEシルヴィア・チャンプ賞」を二〇一五年に受賞し、大規模な教育委員会では変化の速度が遅くなるという神話を打破しました。ブログ、インスタグラム、ツイッターなどのソーシャルメディア・プラットフォームを使用し、ハッシュタグ（#sd36learn）を利用して相互に接続しておくことで、ICT、評価、協働的な学習環境の分野で教育委員会内での実践を大幅に変革したのです。副次的な効果として、このつながりが学習イベントにおいても顔の見える関係を可能にしています。

文化は測定できるものではなく、感じるものです。ここ数年、私はサリー教育委員会の管理職や教師とのコンサルティングを楽しんできました。そして、この教育委員会の管理職やスタッフが学んでいる様子や、互いに示し合った情熱、興奮、愛を私は見たのです。彼らが苦労をしていないと言っているわけではありません。著しい成長と変化は、決して完全に快適なことではありませんから。しかし、この教育委員会の管理職たちは、共有しあうことの価値に焦点を絞り、維持することによって、自分たちやほかの人々のための機会を加速させてきたのです。

前進するために

今日、私たちの世界は参加型になりつつあります。共有しあうことは教育の世界だけでなく、もはやルールとなっています。「Call Me Maybe（電話してくれるよね）」を編集するか、踊り方を学ぶか、教え方を転換するか、どれを扱おうと今日のＩＣＴは、あなたに創造力と共有力、そしてつながる力を与えるのです。

コミュニティーのリーダー役として、学校はもはやこの文化的な変化を無視することはできません。私たちには、そのうねりを加速する必要すらあるのです。私たちが個人や学校や教育界として成長するためには、共有することが重要となります。そして私は、あなた方が共有するだけの価値のあるものをもっていることを断言します。

私は、ＩＣＴの使用が対面式のやり取りの価値を低下させないことについても注目したいです。実際、ＩＣＴを使用して、一貫して共有することで対面式のやり取りが向上する可能性があるのです。

同じ教育委員会に所属していても、他校の教師とは数か月に一度しか会うことができませんが、オンラインで互いにアクセスできるようになるとつながりを保つことができます。共通のハッシユタグを使用してお互いの学校内で何が起こっているのかを見ることができれば、職員室での会話が豊かなものになることもあります。

「あなたが昨日したことについてのつぶやきを見ました。……それについて、もっと教えてくれますか？」という発言が、互いの学びと同僚にどのようなインパクトを与えるのかについて考えてみてください。

オープンな文化では、学びと人間関係の機会は無限となります。生徒と同様に「共有革命」の勝者になるためには、私たちの指先に何があるのかを理解し、受け入れるしかありません。

話し合いのための問い

❶あなたは、自分の学びを学校内や世界の教育関係者とどのくらい積極的に共有していますか？

❷素晴らしい学びをあなたの学校で拡散するためにはどうしますか？　また、バラバラに起きている状態から「イノベーションの文化」に移行するためにはどうすればいいと思いますか？

❸個人や学校／組織全体の成長を加速するために、「競争のあるコラボレーション」という概念をどのように活用しますか？

第12章　教師にとって意味ある学びの経験をつくり出す

知識とは、唯一経験から得られるものです。（アルベルト・アインシュタイン）

職員会議は、教師として私が嫌っていたものの一つでした。私たちは、規則や方針について議論することに大部分の時間を費やしたように思われます。生徒が学校で帽子をかぶったままでいいかどうかについて話し合うことに、いったいどれだけの時間を無駄にしたかと考えるだけで心が痛みます。

次の文をツイッターで見て、管理職対象の講演会などで何度も共有しました。実際、多くの人が共感したようです。

「ゆっくりとした眠りへの移行が分からないぐらいなので、私が死ぬときは職員会議中を望みます。　#Relevant」

第5章で述べたように、革新的なものをつくり出したい場合はルーティン（単なる習慣として行っていること）を壊す必要があります。「二一世紀の学び」を体験するのではなく、「二一世紀の学び」に関するパワーポイントのプレゼンテーションを見ても望む結果はもたらしません。

講義は、学ぶうえにおいてそれなりの価値があります。そうでなければ、ＴＥＤ《テッド》の講演がこれほど人気になることはなかったでしょう。だからと言って、講義や伝統的な職員会議が私たちの職務改善のためには唯一の方法である、と考えるのであれば、前進するよりは現状を維持する可能性のほうが高くなります。

オーストラリアの教育思想リーダーであるブルース・ディクソン（Bruce Dixon）が、私に教育者対象の学び方を取り入れ、計画するようにすすめてくれました。

「誰かが一六年にわたって何かをやっているのを見てから、自分自身でもそれをやりはじめるような職業がありますか？」

しかし、教育現場では、まさにそのようなことが続いているのです。教師は、自分の教師たちを見て教える方法を学びます。私たちは、自らが体験したことしかできないのです。もし、学校で起こることを変えたいのであれば、私たちが教師を対象にして行う学びの体験をまず変える必要があります。

教師を対象にした学びは、学習者としての発達に不可欠となる継続的なものではなく、単なるイベントと見なされています。この伝統的な教員研修のアプローチは、教師の実践を変えるための助けとしては不十分ですし、結果として、生徒の学びを変えることは滅多にありません。

ほとんどの場合、教員研修のやり方や方針は教師に「学んでしてほしい」と期待するものですが、仕事の一部として継続的に学びに取り組むものではありません。新しい学び方を真に統合するためには、教師が学んでいることを自ら使いこなせるように、探究、共同作業、および振り返りのための時間を確保する必要があります。あなたの個人的な状況に対応するために、新しく学んだことを活用・応用することで革新的なアイディアや実践が生まれ、それが教室や学校中の生徒に影響を与えはじめます。

> 私たちはしばしば自らの経験から物事を創造するので、教師を対象にした研修では教師自身の学びの経験を変える必要があります。

自分自身の学びの機会をつくり出す

教育技術に関するリーダーシップの先進的な研究を行っている「ＵＣＥＡセンター」（http://www.schooltechleadership.org/）の創設者／所長であるスコット・マクラウド（Scott McLeod）

氏は、教師が教え方の議論にあまりにも焦点を当てすぎており、自分自身が力強い学びに浸ったり、生徒たちのためにそれをモデルで示したりするための時間を十分に設けていない、と主張しています。

私たちは、学校での学びについて議論すべきではありませんか？「……生徒が生涯学び続ける人となる……」というようなミッションやビジョン、また目標を掲げている学校はどのくらいあるのでしょうか？　九七パーセント？　九九パーセント？　一〇〇パーセント？　ところが、私たち教育者は（保護者も）、この生涯学び続けることをモデルで示せていません。子どものために、学びのプロセスを意図的かつ明確にモデルで示せている人はどれくらいいるでしょうか？　子どもの前に立って、「これは、私が今学んでいることです。現時点では上手ではありませんが、私が使っている方法はこれです。そして、これが成功を収めるための計画です。数週間後には、どうなっているか情報を提供します。その後も、二〜三週間おきに情報を提供します」と言える教師はどれくらいいるのでしょうか？

このように、目的をもって明白に学びと格闘し、障害を乗り越え、以前よりも熟練したり、精通したりした状態を生徒たちに示せている教師はどれくらいいるでしょうか？　ご承知のとおり、ほぼゼロです。

大人として、学びのプロセスをモデルとして示さない理由はたくさんありますが、その最大のものはエゴです。私たちはともに学ぶ者ではなく、「プロ」でなければならないと感じています。管理職は、教師の前で弱点をさらけ出すことはできません。同じように、教師と保護者は、子どもの前で弱点を見せることができないのです。

教育者や保護者として、もし学習者であることを示せたなら、子どもたちは何を得るでしょうか？　学校にいる大人が意図的かつ明確に自分たちと同じように生きていて、学習者であるというプロセスを子どもたちと共有したら、学校はどのようになるでしょうか？　私たち大人が奉仕している子どもとともに学ぶ機会を意図的に創造したら、教育はどのようなものになるでしょうか？　［参考文献1］

マクラウドの見解は、私たちが知りたいことはいつでも手に入るという今日の世界においてとくに意味があります。もちろん、引き続きすべての生徒を高めるための責任が学校にはありますが、すべての学習者（子どもも大人も）が自ら学ぶことのできる機会があってもよいはずです。

今日、私たちの世界は、いつでも、どこでも、どんなペースでも学べる環境となっていますし、プロの教育者における学びそのものの考え方も変わりました。「現代の学習者のメディア（Modern Learner Media）」の共同設立者であるウィル・リチャードソン（二四一ページ前掲）は、教育者に生徒たちと同様の学びの実践を奨励しています。

本当のことを言えば、教師はプロとしての力量形成[1]に責任を負うべきです。子どもたちは、（ネットを見ればすぐにできてしまうので）ブログのワークショップを提供してくれることを待つようなことはしません。大人も、主体的に学ぶべきです。［参考文献2］

教育用にグーグルが開発したアプリを教室で使用できるようにするため、教師たちも生徒と一緒に使用するようにします。もし、教師が生徒のために個別化された学習をしたい場合は、まずは教師（そして、あなた自身）のために個別化された学習をすることからはじめてください。この経験は、あなただけでなくほかの教職員が変化を受け入れることを助け、生徒が教室で感じていることを自ら体験することにもなります。

同様に、今日の学びの可能性について共感的な視点をもてるようにしてくれますので、毎日生徒が経験している空間や環境で学ぶ機会をつくることが重要となります。大人が学ぶ場所と生徒たちが学ぶ場所を分けるという非生産的なことは避けるべきです。自分自身について基本的な理

（1）日本語に訳すると教員研修になります。二四五ページの注（12）を参照してください。

解をしていない人が、いかなる実践においても革新的になれるはずがありません。何事も、うまくやるためには基本（読み書きなどの基礎基本）が大切です。

プロの教師としての学びに必要な八つのこと

生徒たちのためにつくりたいと思う学びの機会を理解することは、同様の学びに自らが浸ることからはじめなければなりません。「今日の教室で目指すべき八つの特徴」のモデル（第7章）を振り返り、プロとしての教師の学び（教員研修）にそれをどのように適用できるかについて考えてみましょう。一六一ページに掲載した、シルビア・ダックワースが作成したイラストを再び参考にしました［参考文献3］。

学校や教育委員会で教師の学びの文化をつくり出す方法について、以下に示す提案を検討してください。私は八つの要素のそれぞれについてアイディアを提供していますが、明らかに、それぞれのアイディアには複数の要素や機会があります。これらの提案を出発点として検討し、あなたと教職員にとって個別化された、独自の解決策を作成するようにしてください。

図

今日の教室で求められる八つの特徴
（ジョージ・クロスによる）
1 声を発する
生徒は他者から学び、その学びを共有する
2 選択
強みに基づいた学び
生徒に選択を提供する
3 振り返り
すべての人（教師、管理職、生徒）は自分が学んでいることを書いて、振り返る
4 イノベーションの機会
例・ユーチューブのビデオからホバークラフトをつくる
You Tube
(yes, it can be done!)
@sylviaduckworth
5 クリティカルな思考
見たものについて問いかけ、チャレンジする
BLAH BLAH BLAH
6 問題発見／解決
生徒に困難な挑戦を提供し、革新的な解決策を考えてもらう
MY PORTFOLIO
7 自己評価
生徒が振り返りの方法を知っていること
ポートフォリオを利用する
8 ネットにつながった状態の学習
ソーシャルメディアやビデオ会議によって専門家を授業に招く
教室は学習者を中心とするべきです。
bit.ly/gcouros8

声を発する

理論的根拠――教師がほかの人たちと考えを共有する機会をつくり出すことは、前章で議論した「革新的な加速」につながる可能性があります。少数の人の考えをエンパワーするだけでは数人のアイディアを生み出すだけとなり、今日の世界で組織をフラット化するための能力を活用することはできません。教師の声をオープンにして共有することは、教師がディジタルの利用痕跡をより理解するためにも役立ちます。

アイディア――私が過去一年間に試した方法の一つは、ビデオの振り返りを利用することでした。二〇一四年、ツイッターが三〇秒のビデオ投稿機能をリリースしたことによって、「#EDUin30」を開始しました。そこでは、三〇秒のビデオ台本によって質問をし、世界中の人々が応答します。

一部の人は自分のビデオを残していますが、そのフォーマットに慣れていない人は、自分たちが使い慣れた画像、ブログ投稿、またはほかのタイプのメディアを簡単にツィートする（つぶやく）ことができるだけでなく、「#EDUin30」にタグ付けをすることもできます。この実験は、私が「集合知」を活用することを助けるだけでなく、誰もが教師と学習者として尊敬される文化とコミュニティーづくりのために大きな影響を与える可能性があります。

この分野では、権威のあるリーダーで元学校の管理職であるケリー・クリストファーソンが、毎月TED《テッド》形式での講演を職員会議において行うべきだと教師に提案しています。短いプレゼンテーションであれば、教師が学んでいることや、教室で生徒と一緒に挑戦していることを共有するためにできるでしょう［参考文献4］。このような機会を通して、教師と組織内のほかの人たちが互いに何をしているのかについて共有することでイノベーションは促進されます。

組み込むことができるほかの要素――振り返り、ネットにつながった状態の学習、自己評価、クリティカルな思考。

選択

理論的根拠――学習においてオウナーシップをもつことは、実際に行われる学習を確実なものにする際に役立ちます。しかしながら、多くの教員研修はトップダウンで提供されており、研修内容はすでに決められています。

人々が情熱をもって行う探究を支援することは、思考がより深くなり、自らが学んだことを受け入れる可能性が高くなります。また、そうすることによって知識が共有され、革新的な方法を用いてそれを応用する傾向があります。サイモン・シネク（一〇ページ前掲）は次のように述べています。

「関心をもたないことのために働くことをストレスと呼びます。一方、好きなことのために懸命に働くことを情熱と言っています」［参考文献5］

アイディア――EdCamp(2) は世界中を席巻しており、教育者が学びのオーナーシップをもつには最適な空間となっています。そのセッションは、イベントに参加する教育者によって開発され、作成され、進行されます。そこにいる人々は話題に対して情熱をもっていますので、そこで交わされる会話には学びがあり、とても豊かで深いものとなっています。

EdCamp のスケジュールは、教員研修がある日と重なる可能性がありますし（逆に、そうすべきです）。この考え方に抵抗がある理由は、管理職も教師も、それを準備したり調整したりする時間がないことです。しかし、「学ぶこと」を学校の優先事項とするならば、深い学びのための時間と機会をつくり出すことを、特別なことではなく習慣とすべきです。

> 自分が情熱をもっていることについて学ぶときは、その努力は必ず報われるものです。

組み込むことができるその他の要素――声を発する、振り返り、クリティカルな思考、イノベーションの機会、問題の発見／解決。

振り返り

理論的根拠――振り返りは、学びと個人的な成長にとって効果的です。またそれは、プロの教師としての学びにしっかりと組み込まれるべきものです。コラボレーションは組織の成長にとって重要なプロセスですが、アイディアや思考を処理するための時間が必要です。[3] 学びは深くて個人的なものですが、振り返りの時間や自分のアイディア、そして個人学習を共有するものと結びつかない場合、アイディアを深めたり、自分のものにしたり、共有したりすることは難しいです。

（2）参加者主導で行われる、教師をはじめとする教育関係者による、教育関係者のための、力量形成のためのカンファレンスです。Edcamp では、集まった参加者自らが当日のセッションの内容を決めていく、アンカンファレンスという手法を用います。各セッションのテーマは、授業の手法をはじめ、校務運営、教育分野におけるイノベーションなど多岐にわたり、参加者も教員をはじめとして非営利組織、研究者、行政、企業などさまざまです。二〇一〇年にフィラデルフィアで第一回が行われて以来、これまで一〇〇〇回以上、八〇以上の国と地域に拡大し、一〇万人以上の教育関係者が参加してきました。（Edcamp Japan のＨＰより）

（3）個人学習や協働学習や振り返りなど、さまざまな形で教師のかかわり方を提示している本に『「学びの責任」は誰にあるのか』がありますので参考にしてください。

私は、振り返りによって学んでいます。今日の教育のすべてにおいて振り返りは必要です。

アイディア——ワークショップでよく私が使う方法の一つを紹介します。アイディアやそれに対する私の考え方を共有したあとで、参加者に振り返りの時間を含めた長い休憩を提供するというものです。

グーグルフォームと同じくらいシンプルなやり方は、人々が自分の考えを処理するための時間とスペースを提供すると同時に、振り返りを共有するといった効果を活用します。ワークショップでほかの人に自分の考えを紹介することが事前に分かっておれば、人々は共有しようとしているアイディアについてより深く考えるようになります（ブログやソーシャルメディアでも、同じことが起こっています）。私のワークショップでは、頻繁に振り返りを促すために以下のような簡単な質問をしています。

> 学校は答えを当てるだけの意味のない場所ではなく、質問によって生き生きとする場所であるべきです。

❶今日あなたが学んだなかで、さらに探究したいことは何ですか？　なぜ、あなたはそのテーマを探究したいのですか？
❷あなたが前に進むために、もっとも大切な質問は何ですか？

❸あなたが共有したいと思うほかの考えは何ですか？

この振り返りの重要な要素は、参加者に自分の考えを共有してもらうだけでなく、質問してもらうように求めることです。質問することは、学びと振り返りにとっては不可欠となります。それによって、私たちは前進することができます。学校は答えを当てるだけの意味のない場所ではなく、質問によって生き生きとする場所であるべきです。

組み込むことができる他の要素——声を発する、自己評価、クリティカルな思考、ネットにつながった状態の学習。

イノベーションの機会

理論的根拠——革新的な生徒を育てたければ、まず革新的な教育者になることに重点を置く必要があります。プロの教師としての学びのために共有されたすべての要素と同様、教職員（そして自分自身）が自らの実践から学び、発展させるための継続的な機会を提供する必要があります。

イノベーションはプロセスであり、新しいアイディアを試してみたい人は、実験に時間を費やしてよりよいものにしなければなりません。

アイディア——アルバータ州のよき友人であり副校長でもあるジェセ・マクリーン（Jesse McLean）は、生徒のために「イノベーション週間」というアイディアを推進しています。これは、イリノイ州の教師ジョシュ・スタンペンホースト（Josh Stumpenhorst）によって開始された「イノベーションの日」の拡大版です。

この一週間では、生徒が作成または解決したいアイディアを提出し、その後、そのプロセスに見合う授業時間が与えられます。ジェセは、この取り組みが成功するためには、教師が同様のプロセスに参加しなければならないことを知っていました。そこで彼は、「教師のイノベーションの日」という考えに発展させました。この日は、教師が教育内外を問わず革新的なアイディアをいじくり回したり、開発したりする時間に充てられます［参考文献6］。

ブリティッシュ・コロンビア州にある小学校の校長クリス・ウェージャは、ダニエル・ピンク（六三ページ前掲）が紹介している「Fed-Ex Prep」[4]にインスピレーションを受けて革新的な時間を創造しました。その内容は次のようなものです。

ウェージャは、翌日にほかの教師と分かち合うためのアイディアをつくったり、検討したりする時間を確保するために、教師の代わりに自分が授業をしました［参考文献7］。もう一つのアイディアは、グーグルの有名な「二〇％ルール」（一一七ページの注を参照）を活用して、生徒とほかの教師に利益をもたらす自発的な作業時間を割り当てました。

これらのアイディアはそのまま使えないかもしれませんが、私たちがかかわる学校コミュニティーに合ったものにすることはできます。教育者をイノベーターに育てる際に成功の鍵となるのは、イノベーションを優先事項として位置づけ、そのために必要な時間を確保することです。

イノベーターと起業家を育成することは、学校の発展にとっては不可欠です。「イノベーション」を贅沢ではなく、必要不可欠なものとして促進するためにはプロの教師として学ぶ（教員研修の）機会を確保しなければなりません。オレゴン大学グローバル・オンライン教育研究所の所長兼理事長であるヨン・ザオ（Yong Zhao）は次のように語っています。

「何かが欠落している場合は、それをつくり出す必要があります。起業家がいない場合は、それを育てていく必要があります。そして、それを実現するために必要なことは、外部から教育を通して起業家精神を子どもたちに浸透させることです」［参考文献8］

このような教育は、革新的で起業家精神をもつ教師やリーダーからはじまるのです。

組み込まれる可能性のある他の要素——クリティカルな思考、選択、ネットにつながった状態の学習、問題発見／解決。

（4）ピンクが紹介しているところは、「ダニエル・ピンク、やる気に関する驚きの科学」を検索すると動画で見られます。「Fed-Ex Day」のその後については、下記のQRコードをご覧ください。

クリティカルな思考

理論的根拠——情報が豊富な世界では、生徒がクリティカルに情報を評価し、自分の考えや偏見を理解することが重要となります。さらに、世間一般の通念に挑戦する質問をしたり、さらに考え出したりするように奨励されなければなりません。

生徒にクリティカルな思考スキルを求めるのと同じように、私たちプロの教師の学びにおいても意味のある方法でそれを推進しなければなりません。私たちには、個人として、そして全体として進んでいくためにクリティカルな論議をしてアイディアを検討し、それを推し進め、考察することができる空間と環境をつくり出す必要があります。

学校が本当に革新的なものになるためには、現在取り組まれている実践に対して人々が疑問を抱いたり、自由に新たな挑戦に取り組めたりすることを可能にする、開かれたリーダーシップが必要です。「フラットな組織は、このような考え方が広がることを可能にする」という言葉を覚えておいてください。

アイディア——本章で共有しているアイディアの多くは、従来の教員研修のあり方を変える機会を提供します。先に述べたように、これらは規範的な考えではなく、私たちがプロの教師として

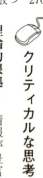

の学びをどのように改革するかに関する私自身の考えです。ほかの教職員と話をし、成功したプロの教師の学びがどのように見えるかについて独自の基準を確立するようにしてください。そして、それをどのようにすれば実践できるかについて新しいアイディアを考え出してください。

私は、同じようなプロセスが個人レベルでも行われればいいと思っています。そこで教師たちは、彼らの信じる自分なりの学習が成功しているイメージを共有しあい、それを実践するための計画を提案するのです。(5)

目標は、「私たちは常にこのようにしてきました」という考え方を変えることです。質問をベースにしたプロの教師の学びのプロセスを使用することで、「なぜ、私たちは……」という問いに変えることができます。たとえば、「なぜ、私たちは生徒に賞を与えるのですか？」とか「なぜ、通知表を主要な評価手段として使い続けるのですか？」などの質問が考えられます。

質問を、すべて「なぜ」からはじめる必要はありません。次のように問うこともできます。

「学校のやり方が深い学びを妨げていませんか？」

大切なことは、私たちが学校の学びのプロセスについてもっている前提に挑戦することです。このような探究のプロセスの価値は、教職員が新鮮な目でアイディアを見はじめることです。

(5)　その際に参考になる資料として、『「学び」で組織は成長する』と『シンプルな方法で学校は変わる』があります。

教職員が質問をするように勇気づけて、新しいアイディアや解決策を積極的に研究することは、学校のイノベーションにとって重要なステップとなります。人々がプロセスに対して積極的に貢献しているとき、組織内ではプラスの変化が起きやすくなります。

取り込むことができるその他の要素——イノベーションの機会、声を発する、選択、問題発見／解決。

問題発見／解決

理論的根拠——第3章（五五ページ）で言及したように、生徒を問題解決者と問題発見者に育てることが成功のためには不可欠となります。生徒に対して、教室で問題を見つけて解決するように言うなら、同じことを私たちの仕事で行う必要があります。私たちは、生徒のためによりよい機会をつくり出すために問題を特定し、解決するよう求められる状況にどのくらいの頻度で身を置いていますか？　答えは簡単です。決して十分ではありません。

第6章（一四七ページ）にも登場したクリシー・ヴェノスデイル（Krissy Venosdale）の「私は学ぶ（I Learn)」というビジュアル・メッセージは、生徒のためだけに使うべきではありませ

図　『「私は、学ぶ」ポスター』

私は、学ぶ

私は、考える。
私は、質問する。
私は、計画する。
私は、つくり出す。
私は、もがく。
私は、協力する。
私は、試す。
私は、解決する。
私は、考案する。
私は、振り返る。

ん。それは教育にかかわるすべての人のためのものです。私たちは、みんなが学習者でなければならないのです［参考文献9］。

「考える、質問する、計画する、つくり出す、もがく、協力する、試す、解決する、考案する、振り返る、学ぶ」は、すべて問題発見／解決の重要な特徴です。それらは、個人レベルと組織レベルの両方が共有すべき実践となります。

アイディア――質問をベースにした学びのプロセスは、問題を解決するだけでなく、まず問題を見つけるために質問を作成することを優先します。以下は、アルバータ州教育委員会が作成した、生徒向けの質問をベースにした学びのプロセスから引用したものです。これを読んでから、どのようにしたら教育者に応用できるかについて考えてみてください。

効果的な探究は、単に質問するだけではありません。探究型の学習は、質問を作成し、回答を見つけるために調査し、新しい理解、意味、知識を構築し、そしてその学んだことをほかの人たちに伝えるという複雑なプロセスです。

教師が探究型の学習を重視する教室では、カリキュラムやコミュニティーのなかで本当に存在する問題を解決するために生徒が積極的にかかわっています。このような効果的な学習体験は、生徒をより深く取り組ませることになるのです。(6)［参考文献10］

いくつかの文言を修正するだけで、プロの教師としての学びについてどのように考えるかという力強い声明文に転換することができ、その結果、生徒に提供する学びの機会を格段に向上させることになります。

効果的な探究は、単に質問するだけではありません。探究型の学習は、質問を作成し、回答を見つけるために調査し、新しい理解、意味、知識を構築し、そしてその学んだことを

ほかの人たちに伝える複雑なプロセスです。

管理職が探究型の学習を重視する学校では、すべての教職員がカリキュラムやコミュニティーのなかで本当に存在する問題を解決するために積極的にかかわっています。このような効果的な学習体験は、教師と生徒を深く取り組ませ、エンパワーします。

「自分でディバイスはもってくる（Bring Your Own Devices = BYOD）」への移行、モノづくりをするスペース（Makerspaces）の確保、新しいタイプのプログラムの開始など、教職員と生徒はともに変化のプロセスを歩んでいく必要があります。学校が現時点でどのように機能しているのかをコミュニティーに問いかけ、コミュニティーを活性化し、解決策を考案し、行動させることで、私たちの学校は教室で実現したいと思っている学び方をモデルで示しながら前進することができます。

教師、生徒、そしてコミュニティーは、どのくらい変化のプロセスに対して権限をもち、積極的に参加していますか？　あなたも、あなたが奉仕する人たちをエンパワーし、問題を見つけて解決するプロセスに参加できるようにしてください。

（６）このような学習の仕方が、『ＰＢＬ——日常生活の問題から確かな学力を育成する』に詳しく書かれています。

取り込むことができる他の要素――クリティカルな思考、声を発する、選択、イノベーションの機会。

自己評価

理論的根拠――学校は、外からの評価に依存するシステムになっています。これは、生徒（通知表）だけでなく教師（人事評価）にも当てはまります。

私たちの進歩の様子を肯定または訂正するために、ほかの人に依存するというシステムとなっていますが、そこにおける問題の一つは、生徒が悪い教師に遭遇し、教師が悪い校長に遭遇し、校長が弱い教育長に遭遇することです。

評価者／リーダーがよくない場合、システムは効果的どころか有害でさえあります。対照的に、自分の長所と短所を理解することは、教育だけでなく人生や職業のすべての分野においても非常に有益となります。

アイディア――ディジタル・ポートフォリオとしてのブログは、振り返りの機会だけでなく、学んだことを紹介するよい機会となります。過去五年間、私のブログ（georgecouros.ca）を通じてディジタル・ポートフォリオを維持することは、ほかのいかなる教員研修の機会よりも自らの成長に役立ちました。

私はほかの管理職や教育者とつながり、コミュニケーション・スキルを高め、何をどのように学んだのかについて振り返りました。長い期間にわたって自分の学習プロセスを文書化して評価することができたので、自らの成長を容易に見ることができるという点において有効なものと言えます。

教育者が自分のポートフォリオを作成することで、会話の焦点を「評価者」から「学習者」へと移すことができます。たとえば、従来の評価では、授業観察は管理職の視点で教師と共有されていました。もちろん、会話はこの種の評価からはじめることもできますが、私の経験では、焦点（と話すこと）は評価者が教師よりもはるかに多くの指摘や発言をしているということです。

（自己）評価の一部としてディジタル・ポートフォリオを含めると、評価者が見るものから教師が見ているものへと会話が反転します。「どこが強く、どこで成長する必要があるのか？」といった質問をするだけで簡単にはじめることができます。彼らの前にポートフォリオを置くこと

> 評価の一部としてディジタル・ポートフォリオを含めると、評価者が見るものから教育者のものへと立場が反転することになります。

で、教師は自分の進歩、強み、弱点をあなたとともに振り返ることができるのです。

ディーン・シャレスキー（Dean Shareski）[7]が、ブログを書くことによってより優れた教育者に成長できるかについて、いくつかの洞察を提供してくれています。


何千人ものブログをやっている教育者が同様のことを言います。実際にブログをやり続けている人で、「自らの成長と改善にとって不可欠である」と言わない人に出会ったことはありません。学校が何千ドル、あるいは何百万ドルも投資して達成しようとしている「プロの教師集団として学び続けるコミュニティーとしての学校（Professional Learning Community＝ＰＬＣ）」の公約と比べれば、ブログが同じことを達成していることが分かります。

ＰＬＣの基本的な考え方は、教師が実践／データを共有しあい、改善のためにチームで作業することです[8]。よいブログであれば、これ以上のことができます。データは学校に限定されませんが、実力のあるブロガーは、関連性と普遍性があるデータと経験を、どのように効果的に共有したらよいかについて知っています。［参考文献11］

自己評価に重点を置くことは個々の学習者に利益をもたらしますし、ブログで公に共有することは多数の教育者にとっても有益となります。好ましい変化を推進するために、自分たちの学びと実践にさらなる透明性を確保することで私たちは相互に活用しあうことができるのです。

ネットにつながった状態の学習

理論的根拠——今日の世界は、学ぶ機会がとても広がっています。無尽蔵の豊富な情報に自由かつ迅速にアクセスできるだけでなく、お互いに交信することもできます。簡単な接続能力は、生徒の学習環境に大きなメリットをもたらします。また、リーダーや継続して学習する者に対して提供する力強い学びの機会を加速し、増幅することも可能です。

　私の兄弟であるアレク・クロスは、「ネットワークにつながった教師」のイメージ図（次ページを参照）を作成して、つながりのある学び方と教え方がどのように関係しているのかを示しました［参考文献12］。

　その図に示された特定のＩＣＴとその使用方法は、もちろん変わる可能性があります。しかし、

（7）小学校の教師を一八年したあと、九年間ディジタル学習の指導主事を務め、現在は「Discovery Education Canada」に所属しています。ＱＲコードで彼のブログが読めます。

（8）日本の学校でこれを目標に掲げているところは皆無に等しいと言えます。ＰＬＣについては「ＰＬＣ便り」をご覧ください。

図　ネットにつながった状態で学んでいる教師

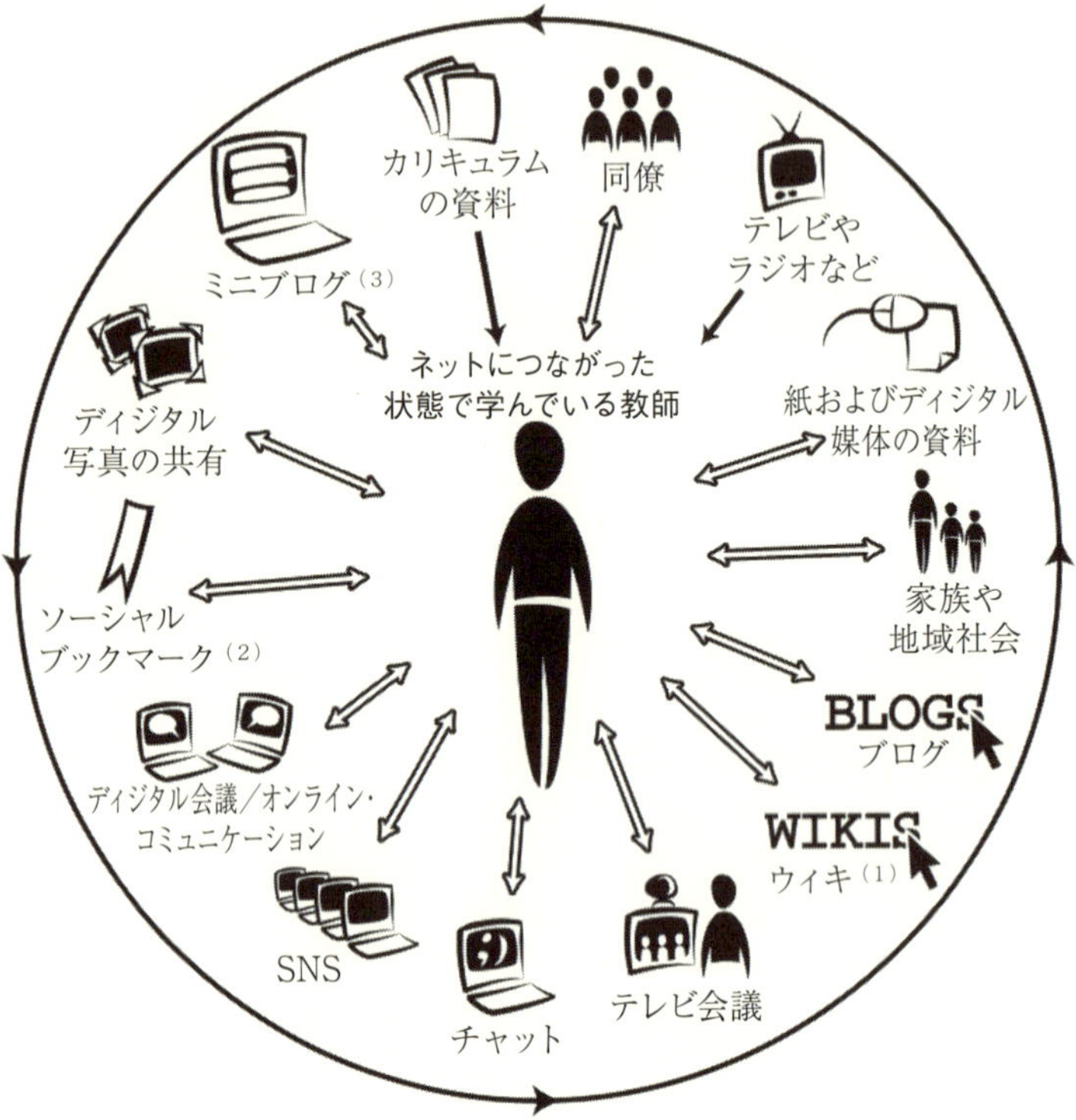

（1）ウェブ上から簡単に内容を書き換えることができるウェブサイト管理システムのことです。

（2）個人が集めたブックマークをウェブで公開し、ほかの利用者も利用できるサービスです。すでに日本にもサービスを展開しています。

（3）ブログやインスタントメッセンジャー、SNS（ソーシャルネットワーキングサービス）、チャット、つぶやき（ツイート）などの機能をもっています。

この図のもっとも重要な部分は、教育者を中心として行き来している矢印だと私は思っています。ネットワーク化された教育者は、情報の消費者でも創造者でもあります。これらのつながりがイノベーションを加速させ、教育者が生徒にとってよりよい機会を創造することを可能にします。

アイディア――ネットにつながった状態の学習が生徒の学びに影響を及ぼすものであると評価されたなら、授業の日に、地元の人や世界中の仲間とつながる時間を優先させる必要が教師にあります。そのためには、教師が学習ネットワーク（PLN）に接続して、彼らの特定の興味と疑問に取り組む機会を設けなければなりません。つまり、教育・学習目的で用いられるブログ「Edublogs」のようなリソースを指しています。

「教師がメンターのサポートを受けながらスキルを向上させ、毎週の課題をこなしながら進みます」［参考文献13］

この言葉は、オンライン接続を開始するための一つの方法となります。

ネットにつながる習慣をつくり出すことが第一歩です。教え方のツールや方法をグーグルの検索で調べることに加えて、ツイッターで同じ質問をしたり、ツイートを見つけやすくするハッシュタグを使用することも忘れないでください(9)。そうすれば、あなたはよりよい結果を得ることができますし、「読み書き」（ここでの基本）から「技術を活用する方法を学ぶ」（ここでのうまくやること）に移行することが可能となります。[10] また、ネットにつながったパワフルな学びを確立することができます。

ハッシュタグと言えば、私が教師のための基調講演やワークショップを行うときはいつもこれを公開しています。ハッシュタグによって、リアルタイムで互いにつながって学ぶことができます。私の信念は、参加者が私から学ぶだけでなく、お互いに学ぶという素晴らしい機会を逃さないようにすることです。

あなたの学校や教育委員会でも同じことが言えます。第11章で触れたように、ハッシュタグを使用すると学習が促進され、コミュニティー感覚を育むことができます。研修の場だけでなく、年間を通じてハッシュタグを使用することで、あなたと教職員は「同期学習」と「非同期学習」[11]の両方を活用することができるのです。ちなみにこれは、一年を通して成長の証を収集するもう一つの方法ともなります。

組み込むことができるその他の要素——振り返り、声を発する、選択、イノベーションの機会。

> あなたが異なるペースで学ぶ人々を喜んで受け入れるならば、彼らの可能性を最大限に引き出すことができるのです。

前進するために

この章で私が提供したかったことは、プロとしての教師の学び（教員研修）への答えではなく、アイディアに火をつけるための提案でした。読んだことをそのまま使用することもできますし、アプローチを微調整したり、完全に改良したりすることもできます。

組織のリーダーとして、あなたのコミュニティーがすでに知っていることと成長する必要があることを踏まえることが重要です。プロの教師として、学びの機会（教員研修）において成功するためには、人々が(12)「ポイントA」から「ポイントB」に移動する必要があることを認識するこ

---

(9) 日本で教え方のツールや方法をグーグルで検索したり、ましてやツイッターで情報収集したりしている教師はどのくらいいるでしょうか？　そもそも、教え方のツールや方法がネット上でどれだけ紹介されているのか疑問です。教科書中心の授業や、指導案や研究授業中心であるかぎりは、「開かれた情報の共有」という方向にはなかなか行かないという現実があります。

(10) 二五九～二六〇、および二九四～二九六ページに書かれていることを参照ください。

(11) オンラインとオフラインでの学びの形態を表しています。オフライン＝対面式の学びには時間の制限や場所の制限がつきまといますが、オンラインの学びにはそれらの制約がなくなります。同じことが、生徒対象の授業についても言えます！

とです。学びは、単に情報を配布するだけでは起こりません。『アルケミスト　夢を旅した少年』（山川紘矢・山川亜希子訳、角川文庫、一九九七年）の著者であるパウロ・コエーリョ（Paulo Coelho）氏は、次のように述べています。

——人は教わって学ぶことなどほとんどない。ただ自分で見つけるしかないのだ。［参考文献14］

これは、教職員の学びを個別化し、エンパワーすることを意味します。管理職として、教職員がバラバラな所にいるので不満が溜まるかもしれませんが、あなたが異なるペースで学ぶ人々を喜んで受け入れるならば、彼らの可能性を最大限に引き出すことができるでしょう。(13)

話し合いのための問い

❶学びの機会を個別化することと、一緒につくり上げた学校／組織のビジョンを実現することをどのように両立させますか？

❷教師として行う学びと、生徒のためにつくり出した機会はどのように関連づけられていますか？　生徒に提供するものは、あなたの経験に基づいていますか？

❸プロの教師としての学びの機会（教員研修）で、「今日の教室で見いだしたい八つの要素」のうち、どの要素がすでにあなたの学校（や教育委員会）に存在していますか？　また、どのような要素が欠けていますか？

---

(12)　主催者や学校ではありません！　あくまでも一人ひとりの教師です。みんな違うので同じになるわけがありません！

(13)　これと同じことが授業でも証明されています。作文に取り組んだ生徒たちが、題材探し↓下書き↓修正↓校正↓出版という書く流れを統一的にやらされる場合と、自分のペースでやれる場合を実験してみたところ、前者の場合、生き生きと取り組んだ生徒がほとんどいないことが分かりました。つまり、統一的にやらせるというのは教師の都合でしかないのです。同じことが、すべての学びで言えます。興味のある方は『作家の時間』を参照してください。

第4部

結論

第13章 私たちはもう到着しましたか？

物事を正しく行うことよりも、正しい物事を行うことにコミットしたときに、[1]組織の英知は組織の学びを越えていきます。

（マーティン・ヘイズ）［参考文献1］

これまでのことを要約しましょう。

第1部ではイノベーションを定義し、それがなぜ教育において重要であるかを議論し、イノベーターのマインドセットの特徴を明らかにしました。

第2部では、関係づくり、求めるものをモデルで示すこと、人々をエンパワーすること、学びのビジョンをコミュニティーとつくり出すこと（「と」が大切！　自分だけでつくり出してしまわないために）など、教育イノベーションの基礎を築くことに焦点を当てました。

そして第3部では、学校コミュニティー内の才能を発揮させ、イノベーションを促進する条件をつくり出す方法を探りました。イノベーションの文化を育む環境づくりは、次のような形で行われます。

- 強みを活かすリーダーシップに焦点を当て、
- 判断は、学習者のニーズに基づいて行われ、
- 焦点を絞って深い学びに取り組み、
- オープンな文化を取り入れ、
- 教室で実現したいと思う学びの経験を、まず教師のためにつくり出す。

これらの戦略は、決して順番に行われるものでないことをふまえてください。私たちがつくり出したいと考える革新的な環境に、これらすべてが貢献するからです。次ページの質問は各戦略の実施を促進します。あなたの組織、学校、教室でどのように才能を解き放とう（解き放しはじめよう）としているかについて、これらの質問に答える形で考えてみてください。

（1）（Jay Martin Hays）アラブ首長国連邦のドバイにあるビジネス・スクール「ＩＭＴ」で組織行動学を教えています。

表

才能を引き出す	思考を活性化する質問	あなたの答えは
強みを活かすリーダーシップ	私が奉仕する人々の強みを知り、それを伸ばそうとしていますか？	
影響力のある学びが第一、テクノロジーは第二	学びのための新しい（そして、よりよい）チャンスを受け入れ、それを実現するために意思決定をしていますか？	
少なく学ぶことは多くを学ぶこと	焦点を絞った数少ない意味のある領域は何ですか？　そこで継続的な学びと発展を支援するために、資源や予算をどのように配分しますか？	
オープンな文化を採用する	私たち自身の学びと成長を促進させるために、どのようにオープンかつ定期的に共有しますか？	
教師にとって意味のある学びの経験をつくり出す	プロの教師としての私たちの学びの機会（教員研修）は、生徒のためにつくりたい学びを反映していますか？	

イノベーションという言葉は、学校および教育委員会の使命とビジョンに関する記述において広く浸透しています。リーダーの仕事は、イノベーションが単なる言葉ではなく、意図的かつ一貫して日々の実践を形づくるマインドセットであることを確実なものにすることです。

前述のように私たちの行動は、使命とビジョンに関する記述と一致しなければなりません。標準化された学力テスト（や入試）などでよい点を取ることだけを目的としていたら、今日、そして将来的に、世界で成功するような生徒を育てることはできないでしょう。「テストは無意味だ」と言っているわけではありませんが、テストを中心に据えた教育文化は意味がありません。古い言葉が示すように、「あなたは、計量することで豚を肥《こ》やしているのではありません」。

生徒がデザイナー、思想家、クリエイター、リーダーになることを望むなら、紙の上やコンピューター上で情報を繰り返すだけでは従順さ以上の成果を上げることはありません。それをまず自覚してください。私は、教師や生徒たちがこれまで学校でしてきたことのすべてが無意味だったと言っているわけではありません。私が強調したいことは、もっとよいものをつくり出すための情報、資源、ネットワークを、私たちはすでにもっているということです。

右の**表**の質問に対するあなたの答えをもう一度見てください。もし、あなたが、これらの分野でそれぞれについて即座に行動を起こしたら、あなたの学校はどのように変わっていくでしょうか？　物事を新しくてよりよい方向に動かすためには、小さな変化さえあれば十分なのです。

異なるタイプの評価

もし、すべての教師が、改善を必要とする文化をつくり出すことができるのであれば、それはよくないからではなく、もっとよくなれるからであり、達成できることに限界がないということです。[2]

（ディラン・ウィリアム）

学校で起こっている学びのエビデンス（証拠ないし成果物）を作成することは重要です。多くの学校では、このエビデンスの主な尺度がテストとなっています。そのようなわけで、テスト文化の代替案を提示せずに、ただ「悪い」と言うだけでは意味がありません。

標準化されたテストに焦点を当てることを減らすディジタル・ポートフォリオに、私が属する教育委員会の学校部門が取り組んだことについてはすでに言及しました。これまでの章では、ほかの教師がディジタル・ポートフォリオの作成を奨励する理由について説明してきました。教育を常に改善していくための具体的な方法を明らかにするため、評価プロセスの一環として、学校がなぜ、そしてどのようにディジタル・ポートフォリオを使えるのか、また使うべきなのかということについて、もう少し説明したいと思います。

生徒と教師のディジタル・ポートフォリオには、主に二つの目的があります。一つ目は「学習ポートフォリオ」で、時間とともに個人の成長を示すことです。二つ目は「展示ポートフォリオ」で、その人物の最善の学びを強調することです。(3) これを簡単に説明しましょう。「学習ポートフォリオ」では、九月、一〇月、一一月、一二月に行った生徒の読んでいる光景のビデオがあれば、時間の経過とともにその成長を評価することができます。一方、「展示ポートフォリオ」には、最善となる生徒の作品のみを表示します（履歴書に似ています）。たとえば、読みの事例であれば、生徒の一二月のビデオのみが「最善の取り組み」としてポートフォリオに含まれます。

このような評価のやり方に慣れてくれれば、教師ではなく、生徒自身が展示する「最善の取り組み」を選択し、その選択の基準が説明できるようにもなります。

伝統的な評価のシステムでは、成績は主観的なものとなっています。読むこと（ないし国語）において「A」とは何を意味しますか？　それは、学年レベル、教師ないし評価者、時には評価

（2）（Dylan Wiliam）イギリスの教育学者。教育評価、とくに形成的評価の第一人者です。
（3）これら二つの種類のポートフォリオは多様な名称で呼ばれています。前者は、「ワーキング・ポートフォリオ」「元ポートフォリオ」「学習ファイル」などです。後者は、「パーマネント・ポートフォリオ」や「凝縮ポートフォリオ」です（『テストだけでは測れない！』八九ページより）。

が行われている場所によっても変わってきます。それとは対照的に、ポートフォリオでは実際の学びと時系列的な変化が示されます。

また、保護者が生徒の学んでいる様子をリアルタイムで見れるため、家庭と教師のコミュニケーションを改善することも可能となります。「今日は何を学んだの?」と尋ねて、「とくに何も……」という反応が当たり前だと思っていた保護者も、「今日、科学の時間にあなたがやったことを見たわよ。……それについてもっと教えて」と言うことができるのです。すべての関係者において、学びについての深い会話をつくり出すことができるということです。

オンライン・ポートフォリオが学びの足跡を作成し、評価するためのよりよい方法を提供するという四つの事例を以下に示します。

①「伝統的」な読み書きに焦点を当てるよい機会です

多くの人々は、ポートフォリオによって作品が共有できることを好ましく思っています。「展示」の効果と似ているからでしょう。私がブログを好きな理由は、書くことができるからです。これは、生徒が学校で行う活動において非常に重要な部分となります。(4)

素晴らしいアイディアをもつことと、そのアイディアを伝える能力があることには違いがあります。教育の世界では(もちろん、実社会でも!)、両方ともできる必要があります。第10章で議論したように、ブログでは生徒の読み書きの基礎に焦点を当てることができますし、それは伝統的な国語の課題を行う以上のものとなります。なぜなら、練習や修正のために複数の機会を提供しているからです。

同時に、生徒は対人コミュニケーション・スキルを磨くことにもなります。すなわち、私たちはより多く書き、お互いの文章を読むことで、書くことがうまくなるということです。(5)

②さまざまな「リテラシー」を使いこなせる力量

読み書きは重要ですが、それ以上に生徒と教師の両方が考えを発信できる機会をつくり出すことが大切となります。ブログが常に有益な理由は、使用したい「メディア」が何であっても、新しい学びとアイディアをいつでも投稿できるだけの機会があるからです。

書きたければ、その選択肢を私はもっています。さらに、私がビデオをつくったり、Prezi《プレジ》を作成したり、写真を共有したり、SlideShare《スライドシェア》を追加したり、ポッドキャストをしたいと思えば、

(4)　ここを読んで、「ウ～ン」とうなってしまいました。日本の授業で、真の意味で書くことが生徒たちの重要な部分になっているのかと考えてしまったからです。どう思われますか？

(5)　日本の既存の国語の授業では、この量があまりにも乏しすぎます。私たち訳者の体験からも、ほとんど何もないに等しい状況が数十年も続いていると言えます。

それらすべてが自分のブログで共有できるのです。

私たちはしばしば、ある教科の理解レベルではなく、それについて書くといった能力で生徒を評価しています。しかし、ブログには、書くこと以外に、学習者が自分の強みを活かして内容や学習目標の達成度を伝えるためのさまざまな選択肢が用意されているのです。

③読者を増やせる能力

先に述べたように、読者がいることは学びのプロセスにとって非常に重要となります。デジタルのデータをつくったり、サイトにリンクを張ったりするとき、私たちはこの技術を双方向となるアイディアの交換ではなく、一方通行のメディアとして使用している場合が多いものです。(6)

私たちが新しいコンテンツを共有するたびに、ブログでは電子メールの購読やRSSフィードを通じてほかの人がそれを受け取ることができます。生徒や教師には何万人もの読者がいないかもしれませんが、わずか一〇人の読者でも振り返りの体験を高めることはできるのです。

ポートフォリオづくりをする場合、内容を共有することを目的にすることが重要です。読者は、つながりの対象だけでなく協力者という観点でも有益です。ブログを通してコメントやアイディアを共有することが、読者と真のコミュニケーションをとったり、同じ話題に興味をもつ他者とつながるときに有効となります。

④考えを発展させる

写真、メカニック、料理、ダンス、マインクラフト（ゲーム）、フィットネス、スカイダイビング、あるいはほかの何であっても、人というものはこだわりをもっていることについて共有したいものです。

ブログでは自分が望むことについて書くことができたので、私は学校（幼稚園から大学まで）で勉強したときよりも、過去五年間のほうがはるかにたくさんの量を書いています。書くという行為は、私の考えを発展させるだけでなく、自分の考えを広く共有する助けにもなりました。またそれは、私が学びたいと思っていたことをより深く知るための後押しともなりました。

生徒と一緒にポートフォリオとしてのブログを使用する場合は、必要な「提出物」に加えて、彼らがこだわっているものを共有する機会を提供することが重要となります。さらなる利点は、彼らのことについてたくさんの情報を得るだけでなく、彼らの考えを成長させる手助けもしていることです。もし、情熱を探求する自由と機会が私自身に役立つなら、生徒たちにとってもそれは役立つはずです。

私は、ディジタル・ポートフォリオを定量的なデータ代わりに使用することを提案しているわ

（6）　ウェブページ上において、「見出しや概要」などの情報を外部に提供することです。

けではありません。ほかの形式の評価と連携させることによって、より効果のある適切な評価に役立つと思っているからです。

数字は成果の一部にすぎません。生徒の視点から提供された学びに関して書かれたものや視覚的な例は、私たちがどこにいるのか、どこに進みたいのかについて理解するために役立ちます。さらにディジタル・ポートフォリオは、校内の教師がほかの教室で何をしているのかを理解する機会を提供し、アイディアを刺激し、「競争のあるコラボレーション」を促進することができます。

教師の教え方の効果を見たい場合は、教師が何をしているのかではなく、彼らが奉仕している生徒を見るのです。そうすれば、学校はこれまで以上に多くのことを学ぶ場所となります。

教師の教え方の効果を知りたいときは、教師が何をしているかではなく、彼らが奉仕している生徒の様子を見ることです。

思考の転換を生み出す学びの転換

世界中の教育システムでディジタル・ポートフォリオの利用が拡大するにつれて、ＩＣＴ企業はこのニーズを満たす完璧なアプリを開発しようと努力しています。仮に最良のツールであっても、ポートフォリオが教育者としての学習にどのように影響するかについて理解できていなければ、生徒にとって意味のある形でそのＩＣＴを使用することはできません。学びを加速することにはならず、単にディジタル形式のポートフォリオに相当するものとなるだけです。

第12章で説明したように、ポートフォリオを教師としての実践の一部にすることは、見てくれる人とコミュニケーションをとりつつ学びながら、記録を残すことと振り返りの力を完全に理解するために役立ちます。

パークランド教育委員会の学校教育部では、ディジタル・ポートフォリオ用の Edublogs のブログプラットフォームを使用しています（ただし、ほとんどのブログプラットフォームで同様のことができます[7]）。また、私たちは、学校のブログ、教室のブログ、教育委員会内のコミュニケーション、psdblogs.ca/learningcoaches にある「Learning Coaches《ラーニング・コーチ》」の取り組みのような学びを共有するグループの活動場所を含めて、継続的に行う仕事の多くの場面でこのプラットフォームを使用しています。

先に述べたように、私たちはポートフォリオを使いはじめましたので、つくりたいものを体験

（7）プラットフォームとは、ハードウェアやソフトウェア、サービス（ブログやＳＮＳなど）が動作する基盤となる環境のことです。

することができました。同時にこの一つのプラットフォームは、使用されるツールの数を制限することに役立ちました。生徒と同じ技術を使用することで、ツールの使い方から、それを使った学びの改善と強化に私たちの目的を移すことができたのです。

私たちがブログを使った方法の一つは、「一八四日間の学習（psdblogs.ca/184）」という取り組みです。これによって、生徒が一年度に毎日校内でやっていることが分かりました。この取り組みのコンセプトは、アトランタのある教育者グループが毎日コミュニティーに尋ねる、「今日、何を学んだのですか？」という質問を採用しました。そして、コミュニティーの人たちが「今日学んだこと」をブログに投稿できるようにもしました。

生徒であれ、教育長であれ、役割にかかわらず教育委員会の全員を対象としてこのブログは、ネットワーク化された学習が自分自身に及ぼす影響と、コミュニティー内外での効果的な学習のためのアイディアを刺激することに役立ちました。二〇一一年から今日まで継続しており、生徒、教職員、そしてコミュニティーの人々による学びのエビデンス（成果物）を見ることができます。つまりこのブログは、私たちがすべて学習者であるという考えを見事に示しているわけです。

「一八四日間の学習」ブログを使用したときに出会った私の好きな物語は、マディスンという生徒のものでした。彼女は、ピーター・レイノルズ（Peter H. Reynolds）の『てん』(8)という絵本について書いています。彼女の投稿には、物語の美しいメッセージについての振り返りが書かれていました。

一度読むと、すべてがそれまでとは少し違うように見えるので、誰もが『てん』を読む機会を得ることを願っています。私は世界中の誰もが、誰で、どこから来たのかに関係なく、とても大切な存在だということを理解してくれることを願っています。たとえ、あなたが自分を大切だと思っていなくても、それを理解することは重要です。……なぜなら、あなたが大切だからです！　[参考文献2]

マディスンは世界中の人々と感動的なメッセージを共有し、自分の声（考え）が重要であることを学んでいます。彼女の投稿が掲載されてから二四時間以内に、作者のピーター・レイノルズがマディスン（当時四年生）にコメントをしていました。

マディスンへ。
美しい文章を書いてくれてありがとう！

(8)　谷川俊太郎訳、あすなろ書房、二〇〇四年。

『てん』についてのあなたの考えを読んだり、作品と文章との関係や、あなたの印を残すことの大切さを書いたりしてくれたことをとてもうれしく思っています。

これからも創造性を発揮してください！

ピーター・レイノルズ［参考文献3］

私がこのコメントを見たとき、マディスンや彼女の先生、そして作者のコメントを見たほかの生徒と同じく驚きました。マディスンとほかの生徒たちは、自らの声を発することが本当に重要であることを学んだのです。彼らはまた、世界が今日どのようにつながりあっているのか、私たちが共有することがほかの人を助けたり、励ましたりすることができるのかについて知ることになりました。

今、私たちの学校の生徒たちは、より積極的につながろうとしています。彼らが本を読むとき、「著者は誰？　彼のツイッターハンドルネームは何？」と尋ねています。標準化されたテスト（または、テストのために費やされたたくさんの授業）から、これと同じようなパワフルな経験をしたことがありますか？

私の控えめな推測では……決してないだろうと思います。

成功はどのように測るのですか？

学校の成功を測るために、私たちはしばしばビジネス指標を使用しようとします。会社が収益を計算する場合と同じく、テストの点数を使って成功の度合を測定することがよくあります。確かに、顧客満足度などのように、将来の成功を企業が判断するために役立つ指標もありますが、ほぼすべてのビジネス目標はお金となっています。学校もビジネス界から学ぶことができると思いますが、私たちの成功はそれほど定量的なものではありません。

サンディエゴ大学モバイル技術学習センターの教育研修担当ディレクターであるケイティ・マーティンとの会話のときですが、彼女は成功したかどうかを判断する際に、学校が直面している課題について述べていました。

「今、多くの教育制度は不一致を起こしています。私たちは子どもに、クリティカルに考えられる人、前向きな市民、責任ある意思決定者になってほしいと望んでいますが、『成功』をテストの点数でしか測定しようとしません。ほかの望ましいスキルやマインドセットをどれだけ成長させたり、身につけたりしたかについては期待をしていないのです」

彼女はこのように言ったわけですが、まさにそのとおりです。長年にわたって、私たちは世界でもっとも人間的な職業に就いているにもかかわらず、「成功」というものを文字や数字に置き換えようとしてきました。それでは、うまくいくはずがありません。

学校が成功するかどうかを判断する前に、最初に「成功」が意味することを定義し、子どもが学校を離れたあと、その影響が長く継続されることを認識しなければなりません。多くの大人に肯定的な影響を与えた学校の経験について尋ねたとき、彼らの答えは、パワフルなプロジェクト、面白い課題、または彼らの「英雄」であったかもしれない教師との有意義で肯定的な関係でした。そこには、いかなるテストも含まれていませんでした！

> 私たちは長年にわたり、世界でもっとも人間的な職業に就いているにもかかわらず、「成功」を文字や数字に置き換えようとしてきました。それでは、うまくいくはずがないのです。

それでは、成功の意味とは何でしょうか？　多くの学校では、どのくらい多くの生徒が高等教育に進んでいるかを示す統計数値を公表していますが、生徒が学位を取得したのちの人生や職業に不満をもっている場合、それを成功と見なしてもいいのでしょうか？　学業成績とは別に学校での成功は、在学中だけのことだけではなく、学校を離れたあとでの世界における影響においても測定されるべきです。

人は、より高い学位を得て、たくさんのお金を稼ぎ、幸せであったとしても、社会の一員として貢献していなければ成功とは言えないでしょう。もし、そうなっていなければ、その人や学校に責任を負わせるのですか？

成功を数量化することは非常に困難ですが、教育のほとんどの側面と同様、やはり生徒の視点から考える必要があるでしょう。彼らが学校を離れたあとのことについて調査するというのは興味深いことになります。学校として、やるべきことをしっかりやれていたかどうかを判断するために役立つ三つの質問があります。

- あなたは、自分自身を社会の一員として成功し、貢献していると思いますか？
- あなたは、なぜそのように答えましたか？
- あなたの答えに、学校はどのような影響を及ぼしたと思いますか？

答えは多様で、まとまりのあるものにはならないでしょうが、学校の有効性について多くのことを教えてくれるはずです。これらの三つの質問は、私たちが学校のコミュニティーとしてやるべきことができているかどうかを示してくれるだけでなく、質問が簡潔であるために回収率も高くなり、意味のあるデータを集めることができるはずです。(9)

前進するために

ところで、あなたの教育委員会、学校、教室が「目的地」にたどり着いたかどうかをどうやって知ることができますか？　端的に言えば、まだたどり着いていませんし、私たちが目的地に「たどり着く」ことは決してないのです。

これは、世界で最高の学校にあなたがいないということを意味するものではありません。あなたは素晴らしいことをしているかもしれません。しかし、学校はイノベーションを促進する、学ぶ組織であるべきなので、私たちは常に実践を改善するために注力しなければなりません。つまり、イノベーション、成長、学びは終わることがないということです。

今日のイノベーションは、明日の標準[10]となる可能性[11]があります。これは、継続的な改善のサイクルを意味します。ロバート・サットンとハジー・ラオは、継続的な発展に焦点を当てることが、世界中に存在する最高の組織にとっての標準になりつつあることを示しています。

アカデミー賞（長編アニメ賞）を受賞した「ピクサー・アニメーション・スタジオ（Pixar Animation Studios）のブラッド・バード（Brad Bird）監督が言っていたように、優秀さを広め、維持する組織には「常に変化し続けている」という特徴があります。それは、まだ満足できるものになっていないという慢性的な感情に動かされて、継続的にイノベーションを続ける、落ち着かない状態と言えます。［参考文献4］

「常に変化を続けていること」は、生徒にとても役立ち、教師を学習者としてエンパワーします。私たちが学ぶことをやめれば、それは教えることをやめることにもなります。本書はあなたに答えを提供するのではなく、より多くの質問を引き出すことを目的として書きました。それはまた、会話を誘発するものであり、終了させるものではありません。

本書は、出版された時点における私の学びにおける総括的な評価でありますが、本書で扱ったテーマの学びに関しては決して終わりではありません。はじまりにすぎないのです[12]。よって、あ

（9）過去一〇年間、日本の学校で行われてきた学校評価の質問項目よりも、本質的に学校を変えるためのヒントを与えてくれそうです。これら三つに限定せず、もっとイノベーティブな質問を考え出したいものです。そこからしか、子どもたちにとってのよりよい学校をつくり出すことはできませんから。

（10）（Robert Sutton）マネジメント学を専門とするスタンフォード大学の教授です。

（11）（Huggy Rao）スタンフォード大学経営大学院の組織行動と人的資源の教授です。

（12）本書執筆後に、著者が継続的にブログを書き続けていることがそれを証明しています

なたが「目的地」にたどり着いていると思うなら、あなたはすでに後れを取っている状態と言えます。

とくに、日々の生活のなかで私たちがもつ技術へのユビキタス(13)なアクセスを踏まえて、学校において「よりよい」状態がどのようなものであり得るのかについて共通の理解を図らなければなりません。ディーン・シャレスキー（二七八ページの注参照）はリーダーたちに、今日の世界において成功がどのように見えるのかについて再考するように促しています。

> 過去一〇年間にネットにアクセスをしたことのある人は誰でも、どこからでも、いつでも学べることを経験しています。これは特別なことではなく、日常的に私たちが学ぶ方法になっています。このことを理解し、かつ実践していない政策立案者やリーダーはほかの仕事に移るべきです。
>
> 人々はネットにアクセスして、いつでも学べる環境にあります。これは、成功の新しい尺度を意味します。生徒がどんなにうまくコミュニケーションをとるか、多様なメディアを使って物語を伝えているか、アートの構築と創作、現実と現在の問題の発見と解決、世界中の人々との効果的な共同作業、コードの作成など、採点表に収まらないような無数の例があります。［参考文献5］

教育のリーダーであり、継続的な学習者として、私たちは自分のために、そして私たちが奉仕する学校や生徒の利益のために、永遠に前進を続けなければなりません。質問をやめたり、生徒たちや自分自身のために学ぶ枠を設けたりしないでください。そうすれば、真の学習が起こるのです。

話し合いのための問い

❶ともにつくり出したビジョンに向けて、あなたの学校コミュニティーが順調に歩んでいることはどうして分かるのですか？

❷お互いに、そしてあなたのコミュニティーに対して自分たちの学びを示すために、説得力のある、あらゆるレベルの学びの証拠をどのように収集していますか？

❸学校での学びや経験について、生徒たちから学ぶためにどのような質問をしますか？

---

(13)　コンピューター・ネットワークなどの情報通信技術を利用して、いつでもどこでも簡単に、所望情報が得られる状態のことを指します。

第14章　教育におけるイノベーションへの最大の障害と「ゲームチェンジャー」(1)

あなたの行動がほかの人たちにより多くの夢を見させ、より多く学ばせ、より多く行動させ、よりよいことをさせるなら、あなたはリーダーと言えます。（ジョン・クインシー・アダムス）(2)

芸術家が通りにイーゼルを立てると、そこへある女性が歩いてきて、「肖像画を描いてもらうのにいくらかかるか？」と尋ねました。「五〇ドル」と画家は答えました。すぐに彼女が同意したので、画家は描きはじめました。

一〇分後、画家は美しくて、創造的な作品を完成させました。女性は創造性と作品のでき栄えにとても満足しましたが、同意していたはずの値段を値切ろうとしました。

「描くのにかかる時間が短くてすんだのに、そんな高額なのはおかしい」と、彼女は言いました。

それに対して、芸術家は次のように答えました。

「一〇分で絵が描けるようになるのに一〇年かかりました。私のように絵を素早く描くことができる様子を、あなたはこれまでに見たことがないでしょう」

誰から聞いたのか覚えていませんが、この話を少し前に私は聞きました。そして、そのメッセージに私は共感しました。というのも、教育における「基礎・基本」と「イノベーション」の論争について、次から次へと記事を読んでいたからです。

多くの人はどちらか一方を選んでいますが、私は中間にその答えがあると考えています。どの領域のイノベーションにも、基礎概念の根本的な理解が必要です。偉大なミュージシャンになるためには、音楽の基本的な概念を学ばなければなりません。世界最高の作家たちは、どこかの時点で読み書きの方法を学びました。基本を学ぶスピードは人によって異なりますが、すべての達人は、基本的な知識と能力をまず身につける必要があったはずです。

現代の世界でも基本は不可欠です。私たちは、みんなそのことを知っています。教育のイノベ

(1)　元々は、野球などのスポーツにおいて、試合の流れを一気に変えてしまう途中交代の選手のことを言いました。ビジネスの分野では、これが転じて市場の状況やルールを急激に変えてしまう製品や企業のことを指します。教育界でも、今はそういう状況が求められています！　しかし、それは、カリスマ的なリーダーや政策ではなく、多様なイノベーションであることがこれまでの本書の内容からも明らかです。

(2)　(John Quincy Adams, 1767～1848) 第六代アメリカ合衆国大統領です。

ーションに熱心な私のような者でも、まだスペルミスをしてうんざりとしているのです。ちなみに、スペルミスは私が一番嫌いなものです。

私は、子どもたちが時間割を覚え、簡単な掛け算のために電卓を頼らないようにしたいと思っています。基本は重要ですが、私たちは単に「知ること」を超えて、「つくり出すこと」と「すること」に移行する必要があります。読み書きの方法を理解しても、あなたを作家にするわけではありません。それとは対照的に、あなたが作家であれば、あなたは読み書きの方法を知っていることが前提となります。

私たちが学ぶ方法と、もっとも基本的なスキルを教える方法は、今日利用できる技術、情報、人々を反映し、それを活用したものでなければなりません。私たちは、かつて教えられたように教えることを基準にしてはいけません。その理由は、現在、私たちは指先で膨大な情報を得ることができますし、今日の教師の多くが教えられた方法は、私たちが学校に通っていた当時ですら、生徒にとって効果的なものではなかったからです。

教育を受けた私自身の経験を振り返ると、一学年から七学年までの成績は、通常、クラスの上位三位以内に入っていました。それでも私は、「一番」ではなかったということで自分が賢いとは思えませんでした。

絶え間なく学校でランク付けされていることから、リッキー・ボビー(3)の信念、「あなたがトップでなければ、ビリと同じです」に私は同調していました。この信念を使って、残りの八学年から一二学年では努力することは最小限に留め、かろうじて大学に入学しました。ただ、学問的には数年間苦労しました。

私は基本を知っていましたが、本当に自分自身が何になりたいのか分かりませんでした。自分自身を作家、数学者、科学者、または学術的な仕事に携わる人間とは思っていませんでした。両親が大学に行かせようとしたので大学には行きましたが、六歳のときに教師になるというひらめきがあったからではありません。両親が大学に行くことを期待していたので、そのようにしただけです。そして、四年間浮き沈みを繰り返して、ついに教育界に入ることを決めました。ちなみに、四年間の課程を修得するのに六年もかかっています。

では、なぜ学校での最初の数年間はうまくいったのでしょうか？　それは、先生方を喜ばせるためです。

なぜ、私は大学を卒業したのでしょうか？　それは、私の両親を喜ばせるためです。

なぜ、私は先生になったのでしょうか？　それは、本当に何をすべきか分かっていなかったからです。

（3）映画『タラデガ・ナイト オーバルの狼』の主人公で、幼少から速さに取りつかれたスピード狂です。

そして三一歳のとき、職業としてではなく、情熱をもった教師であることを私は初めて自覚しました。そこにたどり着いたことで、ほかの人々が私の「強み」に興味をもち、私の才能や情熱を理解してくれるようになりました。その数年後、三五歳のときですが、私は初めて自分を学習者として考えるようになりました。さらに五年後の現在、私は本書の最後の章を完成させ、自分自身を書き手だと考えられるところにいます。

生徒として学校にいた一八年間に次から次へと書きましたが、私は一度も自分自身を書き手として考えたことはありませんでした。しかし、ついに自分の情熱を探りはじめ、学びを深めはじめたとき、実際に書くことが楽しみであると分かったのです。そして、原稿を完成させ、ほぼ一〇〇〇件のブログ記事を投稿したあとで、自分自身を書き手として考えはじめることができたのです。

自分がしていることに対して、深い愛を見いだせたことに私は感謝しています。毎日努力していることを、「仕事」として見ているのではなく、自らの存在の一部として見ています。私は教職員と生徒にも、それぞれの生活のなかでそのような素晴らしい感覚を味わってほしいと思っています。願わくは、私よりもずっと早い時期に。

学校での経験は、私がここに至るために役立ったでしょうか？　もちろん、今日の機会をつくり出すために、たくさんの時間を費やしてくれた多くの教師に感謝しています。正式な教育に加えて、家庭でも基礎が強化されていなければ今日のような学び手にはなっていなかったでしょう。しかし、私が抱いている疑問は、なぜもっと早く自分の情熱と才能に気づかなかったのか、ということです。そして、より重要なことは、教師としての私は、どのようにすれば生徒が自らの才能を見いだせるように助けられるのかということです。

「でも、基本はどうするのですか？」という質問をする形で人々は頻繁に、私がイノベーションに焦点を当てていることに対して疑問を投げかけてきます。すでにみなさんは、私が生徒に基礎知識を獲得してもらいたいと思っていることはお分かりでしょう。私はそれ以上に、自分の情熱（と才能）を獲得してほしいと思っているのです。

私の両親はカナダに来て、ギリシャで受けたものと同じような機会を私たちに提供するのではなく、もっとよいものを与えてくれました。それこそが、教師としての私の原動力となっています。つまり、自分の経験を超えた学校をつくるということです。

私を指導してくれた教師たちに感謝をし、彼らがしてくれたことをさらに発展させていきたいと思っています。私の希望は、世界にいる未来の教師たちが、前の世代がしたことを再現するのではなく、その世代よりもはるかに優れたものをつくり出すことです。これは、すべての世代の願いではないでしょうか。私たちが過去にしていたことよりも、さらによくするのです。

画家は、一〇年間という時間を使って、一〇分で絵を描くスキルをどのようにして手に入れたのでしょうか？　私の推測では、ある時点で彼はインスパイアされ（ひらめき）、自分自身を芸術家として自覚したのだと思います。

私の望みは、学校が伝統的に期待していた学校を超えて、個人を育てる「希望の光」の一部となることです。私たちは、いつも学業優秀な生徒を表彰し、彼らを褒めたたえてきましたが、それは「学校ごっこ」のなかだけでのことであり、それ以上のものではありません。

ある高校の卒業式（二〇一〇年）で、卒業生総代としてエリカ・ゴールドソンという生徒が印象的なスピーチをしています。その内容ですが、教師としてもっとやれることがあったことを示唆するものとなっていました。

私は卒業しようとしています。とくに、学年最上位で卒業するのですから、これを前向きな経験と考えるべきでしょう。しかし、振り返ってみると、私は自分の仲間よりも賢明だったとは言えません。私は言われたことをして、学校制度に適応することにおいて、一番優れていたことを証明したにすぎません。実際、私はここに立っていますが、この洗脳期間をやり遂げたことを誇りに思うべきでしょうか？

私は仕事に就くための証明書を手にして、自分に期待されている次の段階に進む（つまり、就職に必要な大学の卒業証明書を手に入れる目的で大学に進学する）ために、この秋にこの地を離れます。しかし私は、人間でも、思考する人でも、ましてや冒険家でもありません。さらには、労働者ですらないと主張します。

　労働者は、反復のなかに閉じ込められている人間であり、システムの奴隷になることが約束されています。しかし、今、私は自分がもっともよい奴隷であることを証明しました。私は、限界まで言われたことをやりました。ほかの人が授業に出席して、のちに素晴らしいアーティストになるためにいたずら書きをしているときに、私はしっかりメモをとり、テストの素晴らしい受験者になりました。ほかの人は自分の読みたいもの読んで、宿題をすることなく授業に出ていたのに、私は課題を忘れたことがまったくありませんでした。

　ほかの人たちが音楽をつくったり歌詞を書いたりしていた間に、私はそれが必要ではなかったにもかかわらず余分な単位を取っていました。いったいなぜ、私は今のこの地位を望んだのでしょうか？　確かに、私が勝ち取ったものですが、それでどうなるのでしょうか？教育制度を離れると私は成功するのでしょうか、それともずっと失敗するのでしょうか？

　私は、自分の人生において何をしたいのかまったく分かっていません。私はすべての科目を仕事として考えていたので、それ自体に興味がなくても、他人より優れていることを証明するために学んできました。そして、率直に言うと、今、私は怖いのです。

　私たちは、学校で教えられた事実を口にするように条件づけられた、ロボット式の本棚以上のものです。私たちは、みんなとても特別な存在です。この惑星のすべての人間はとても特殊なので、私たちは全員がよりよいものを得る資格をもっているのではないでしょうか？　頭を、記憶のためではなくイノベーションのために使うこと、無駄な活動ではなく創造的なものに使うこと、停滞のためではなく熟考のために使うこと、などです。

産業界が承認した慰め（製品）を消費するために私たちは学位を取得したわけではありません。また、職を得たりしたりするためにここにいるわけでもありません。やるべきことは、ほかにもたくさんあるのです。［参考文献1］

私たちが生徒にカリキュラムだけを教えていては、全人的な成長は望めません。

エリカ・ゴールドソンが述べたように、私たちの生徒には、もっとたくさんのやるべきことがあるのです。生徒の強みを活かしたいのなら、その情熱と才能を探求する学習者に育てる必要があります。学校がそれを行うためには、まず教師が、才能と自分自身の学びへの欲求を解き放つ必要があります。生徒にカリキュラムだけを教えると、彼らを失敗させることになるのです。

私のストーリー、あなたのストーリー

本書は、学校がどのようになれるのかという話について、一つの視点を提供しているだけです。これは、私の話の一部でしかありません。しかし、ストーリーは私たちすべてを前進させる力をもっていますので、世界中の教師は自らのストーリーを共有することが必要となります。

第4章で述べたように、意味のある変化を起こすためには、知的につながる前に心をつなげなければなりません。学びと生徒をエンパワーする方法について私たちがストーリーを共有することは、変化を引き起こす感情的なつながりをつくることに役立ちます。私たちが何かを感じ取るとき、それは単に事実を取得するということではなく、私たちの考えや行動を変えさせる可能性をたくさん秘めているということになります。

ストーリーは、教育におけるイノベーションの原動力となります。あなたのストーリーを公開すること、それを私は願っています。

大多数の教師は生徒が大好きなので、この職業とそれに伴うきつい仕事を受け入れています。人の業績を数字や文字に置き換えて評価してしまうと、私たちを動かしているものが情熱であることを忘れてしまいます。これが、ストーリーがとても重要な理由です。そして、本書の内容を

周りの人に話して、意見を交換しあうことをすすめる理由です。

本書に掲載したアイディアをもとにして、新しいものや、よりよいものをつくりましょう。「#innovatorsmindset」というハッシュタグを使用して、ツイッターであなたのストーリーと考えを共有してください。そうすることで私たちは、生徒のためによりよい学びの環境をつくり出す方法について意見交換をすることができます。

ドキュメンタリー番組のなかで世界ボクシング界のレジェンド、ムハンマド・アリ（Muhammad Ali, 1942～2016）が、世界でもっとも短い詩であるだけでなく、もっともパワフルな詩であると信じていた、という話をしていました。アリは、ハーバード大学の学位授与式の演説で、この詩を取り上げました。

私。　私たち。

イノベーションは個々人からはじまりますが、すべての教師が協力しあって取り組む必要があります。さらに、生徒にとってよりよいものをつくり出すためには、イノベーターのマインドセットを受け入れる必要もあります。

ストーリーは、教育におけるイノベーションの原動力となります。

最大の障害とゲームチェンジャー

父についての物語でこの本を書きはじめましたので、締めくくりは、母が私にインスピレーションをどのように与えてきたのかについてお話しします。本書の冒頭で私は、両親が「変化は、素晴らしいことをするチャンスである」という信念を具現化していると書きました。結局のところ、「素晴らしいこと」は私たちからはじまるのです。

新たなチャンスを受け入れると、たとえそれが障害のように見えても、今存在するものよりははるかに優れたものをつくり出すことができます。変化は恐ろしいことであり、「偉大な」新しいチャンスの可能性をつかむよりも「既知の悪」に留まるほうが簡単なのかもしれません。それゆえ、恐れは私たちを消極的にするかもしれませんが、決して私たちを打ち負かすものではありません。

私の母は人生をとおして、恐れを克服して何か素晴らしいことをするということが、一人ひとりの責任であることを証明しました。母がギリシャからカナダに移住してよりよい人生を送ることを決意したとき、ギリシャに残る家族に再び会えるかどうかは分かりませんでした。母は六年生までの教育しか受けていませんでしたが、父と一緒に一生懸命仕事をし、自分たちのビジネスをはじめ、そして兄弟や私のために、自分が子どものときよりもはるかによい環境を提供してくれました。

彼女は五〇代と六〇代のときに、読むことを学ぶためにレッスンを受けました。その年齢で基本を学ぶことは大変であると分かっていましたが、読み書きができることでチャンスをつくり出せることも知っていました。

今、八〇歳近くになりますが、彼女はいつも電子メールを送ってきます。驚くことに、受け取るたびに上達しているのです。彼女は、顔文字だけを使って（それ自体が極めて感動的ですらありますが！）、私があまり電話をかけてこないことに対して罪悪感を与える方法まで身につけているのです。彼女から送られた電子メールをフォルダに保存していますが、それは母の学習ポートフォリオのようなもので、私は一つ一つをとても大切にしています。

ここ数年、母が非常に多くの逆境に対処し、強くなっていく姿も私は見てきました。父は二年前に亡くなっています。そして、彼女の唯一の兄弟がその一年後に亡くなっています。私たちは年を取るほどに大切なものを失っていきますが、母はそのことを心配し、愛を示すために心を砕き、私に寄り添って励ましてくれました。大して公的な教育は受けていないのですが、私が必要とする多くの分野において彼女は賢明な存在となっています。

何よりも、彼女の知恵は世界に対する彼女自身の態度から来ています。暗闇を見るほうが簡単なときでさえ、自分自身だけでなく周囲の人たちにまで輝きを与えてくれるのです。変化を受け入れることが私にとっては一番大切なことですが、母がその生涯をとおしてやってきたことを私がやり遂げられるかどうかは分かりません。

母の積極的な態度と関連づけて、私は学校で直面している課題について考えてきました。予算の制約、納得のいかない政策、変化し続ける世界に対応できないカリキュラムを目前にすると、敗北を認めて、学校は現状維持でよいと思いたくなるときもあります。しかし、自分の子どものためにもっとしてあげたかったという母のように、私が育ったときよりも生徒たちをもっとよくしたいと思っています。

私たちがより理解できれば、よりよくなるはずです。人々は、「常識の枠内」で革新的になる方法を考えるとき、他人に対しては「常識にとらわれないで考えるように」と仕向けてきます。これは、もっているスキルの問題ではなく、マインドセットの問題なのです。

六秒間のビデオアプリ・バインが出てきたとき、「たった六秒で何ができると言うんだ?」と尋ねた人がいました。一方、「六秒で何ができるかな?」と言った人たちもいます。この違いも、もっているスキルが問題なのではなくマインドセットなのです。時間的な制約を障害と見なす人もおれば、その制約をチャンスと見なす人もいたのです。

あなたは、自らの視点を自分で選ぶことができます。質問をすることは大切です。ただし、あなたの質問が、「やらない」という言い訳に使われないようにしてください。

イノベーションを教育の一部にすることは、政策やカリキュラムに依存しませんし、妨げられることもありません。それは、私たちに依存しているだけです。「保護者、生徒、教師、校長、資金不足、教育委員会、政府などのせいで、私たちはそれをすることができません」という声をよく聞きます。その一方で、どこかの誰かが同じ逆境に直面しながらも成功したことをインターネットで私は確認しました。実際、彼らの抱えた逆境がゆえに、彼らの物語と成功はより優れたものになっていました。

あなたは、なぜ人々がスーパーヒーローの漫画を読んだり、映画を観たりすることが好きなのか知っていますか？　彼らが私たちの想像力を伸ばしてくれるだけでなく、逆境を乗り越えながら素晴らしいことをするからです。

物語は、それが簡単なものではないときほど魅力的なものになります。あなたは、「私は教えています……あなたの強力な力は何ですか？（I teach... what's your superpower）」というシャツを見たことがありますか？　毎日、教室に姿を見せることは物語のはじまりですが、それだけでは十分ではありません。教師であることだけでパワフルな力を得ることはできませんが、私たちの教え方次第でそれは可能となります。あなたが教室と学校にもってくるマインドセット次第で、世界を変えることができるのです。

最近、「自分の物語の主人公であれ」という文章を私は見ました。見えるのが暗闇ばかりであっても常に光を見いだすように教えてくれ、そしてたくさんの逆境を乗り越え、子どもたちがよりよいものをつくり出せるようにすべてを提供し、さらに、出会ったすべての人に愛と思いやりを示した私の母を思い出しました。

母は、彼女の物語の主人公です。なぜなら、彼女は自分がもっていたものと、それを使って何ができるのかということを目標にしていたからです。彼女は、物的な資源が不足していることを言い訳に使いませんでした。これと同じマインドセットが、革新的な教師にとっては必要不可欠となります。

私は母に感謝しています。母と父を手本にすることで、イノベーションにおける最大の障害は私たち自身のマインドセットであることを思い出しています。私は、最大の変革をもたらすものを思い起こします。それはテクノロジーではありません。教育において最大の変革をもたらすものは、イノベーターのマインドセットを受け入れられる教師であり、そのような教師であれば、常にそうあり続けることになります。

このような教師と管理職は、変化を障害ではなくチャンスとして捉え、「この学習者にとって最善なものは何か?」と絶えず問い続けます。このマインドセットによって、彼らは毎日、新しくてよりよい学びの体験を生徒たちに提供します。個人的にも集団的にも、そのマインドセットを私たちが受け入れると、私の両親が私のためにしたことと同じく、生徒たちに大きなチャンスをつくり、目指すべき教育を実現することができるのです。

目の前にある変化と、生徒にとってよりよいものをつくり出すチャンスを私は楽しみにしています。あなたも、そうであることを願っています。

話し合いのための問い

❶学びの新しいビジョンに近づくために、あなたが今すぐにでも取り組みたいと思っていることは何ですか？
❷伝統的な学校モデルを変えられるとしたら、あなたが考えるもっとも大事な問いは何ですか？
❸本書を読んで、あなたがもっとも刺激を受けたストーリーは何ですか？　今、あなたが話したい自分のストーリーは何ですか？　それをどういう形で実現しますか？

訳者あとがき

かつて中学校教員として働いていたころは、学校行事一つとっても「日付」と「担当者名」だけが変わるだけで、昨年とまったく同じ内容を繰り返すだけという教育活動がたくさんありました。まさに、「変化を嫌う」とか「前年踏襲」という体質が、日本の学校現場に染みついていたと言っても過言ではないでしょう。

しかし、この二〇年ばかりの間に、社会の変化とともに学校も変わらざるを得ない状況になりました。とはいえ、学校にかかわる事件・事故を見聞きするたびに、学校を「変えること」の難しさを感じてしまうというのも事実です。二一世紀を生きる生徒たちを育てていくためには、まず学校と教師が変わる必要があります。本書には、これについて考えて行動しているみなさんへのヒントが満載されています。

本書のix～xページには次のようなくだりがありました。

教師たちはイノベーティブでありたいと思っているにもかかわらず、世界中の人たちとつながることも、自分の学校の同僚と真剣に話すこともできず、教えることとは無関係な職員会議に時間を費やしている状況にあります。彼らがイノベーティブであるためには時間が必要です。学校や教育委員会のリーダーが、教師に対して自分の時間を使って何でもするように言うことは簡単ですが、そのときに実際に伝わっていることは、「自由な時間に行われることは重要ではない」ということです。

今日の教員研修の多くは、従順さと教科書をカバーすることに焦点が当てられており、それは教師の創造性やイノベーションの育成にはまったくと言っていいほどつながりません。

こうした創造性やイノベーションの視点で見ると、日本の学校はまだまだ旧態依然としたものとなっています。小学校の英語教育、プログラミング教育など新しいものがどんどん教室に入り込もうとしているわけですが、学校自体がイノベーションを生み出せない環境にあるのです。

とくに、多くの情報のなかから重要なものを主体的に選択し、自ら問いを立てて解決するためには、他者と協働することとＩＣＴ（Information & Communication Technology）を中心としたメディアの活用が重要となります。それを校内で積極的に進めていく管理職のリーダーシップやカリキュラムの構築が求められるわけですが、そのための価値ある指針を提供してくれるのが本書です。イノベーションを積極的に進めていくために、ＩＣＴも活用しながら学校文化の形成や学校経営のあり方など、細部にわたって学ぶことができます。つまり本書は、「二一世紀の学校づくり」を推進するためのバイブルとなるわけです。

それを象徴しているのが、「次の世紀に目を向けると、リーダーとは、他者をエンパワーする人だと言えるでしょう」というビル・ゲイツの言葉からはじまる第6章です。さらに、著名な教師で、ブロガーやFlickrでもあるビル・フェリターの言葉を借りて、学校で「生徒に夢中で取り組ませることは、私たちが教える内容、興味関心やカリキュラムに興味をもってもらうことであり、生徒をエンパワーすることは、生徒の情熱や興味関心や将来の夢を追いかけるために必要な知識やスキルを提供することである」と述べられています。

そのための第一歩として、「アイデンティティーの日」という実践が紹介されています。これは、学校にかかわるすべての人が、一番関心のあることをみんなに紹介するというイベントです。これによって相互の信頼関係が深まり、共通の趣味をもった者同士の新たな関係が生まれるという効果があります。まさに、前向きな学校文化を生み出していく第一歩と言えます。

このような学校文化の創造だけでなく、その担い手である教師たちの研修についても具体的に触れられています。第12章を思い出してください。教師たちに、さまざまな手順や施策を提示して、このように学んで行動してほしいという現行の研修ではなく、今日の教員研修に必要なことを「選択」し、「つながりのある学び」といった八つの視点から解説されていました。

このように、与えられた教科書をカバーするだけの学びから、生徒たちが本物の学びを実践していくために教師や学校がどうあるべきかを、さまざまな事例を通して紹介しているのが本書です。授業を革新していく考え方について、ＩＣＴも活用しながら具体例を用意し、学校改革の道筋を分かりやすく紹介している本は、これまで日本にほとんどありませんでした。本書を手にした小・中・高等学校、そして大学の先生方が、授業改革・学校（＋大学）改革を進めていくうえにおいて大きな指針になることを、訳者として心から願います。

最後になりましたが、翻訳原稿の段階で目を通していただき、貴重なフィードバックをしてくれた岩瀬直樹さん、大木義明さん、大西誠さん、河北光弘さん、小滝正孝さん、山口美穂さん、そしてこの本を日本の読者に読んでもらえるようにしてくれた株式会社新評論の武市一幸さんに感謝します。

二〇一九年　六月

白鳥信義

ックシュタイン／高瀬裕人ほか訳、新評論、2018年
・『たった一つを変えるだけ――クラスも教師も自立する「質問づくり」』ダン・ロススタインほか／吉田新一郎訳、新評論、2015年
・『テストだけでは測れない！――人を伸ばす「評価」とは』吉田新一郎、日本放送協会（生活人新書）2006年（絶版）
・『なぜ会社は変われないのか――危機突破の風土改革ドラマ』柴田昌治、日本経済新聞出版社、1998年
・『一人ひとりをいかす評価――学び方・教え方を問い直す』C・A・トムリンソンほか／山本隆春ほか訳、北大路書房、2018年
・『PBL――学びの可能性をひらく授業づくり』L. トープほか／伊藤通子ほか訳、北大路書房、2017年
・『ペアレント・プロジェクト』ジェイムス・ボパット／玉山幸芳ほか訳、新評論、2002年
・『ボクにも言いたいことがあります――生徒の「声」で授業をつくる』（仮）デイヴッド・ブース／飯村寧史ほか訳、新評論、2020年刊行予定
・『「学び」で組織は成長する』吉田新一郎、光文社新書、2014年
・『「学びの責任」は誰にあるのか――「責任の移行モデル」で授業が変わる』ダグラス・フィッシャーほか／吉田新一郎訳、新評論、2017年
・『ようこそ、一人ひとりをいかす教室へ――「違い」を力に変える学び方・教え方』キャロル・トムリンソン／山崎敬人他訳、北大路書房、2017年

訳注で紹介した本の一覧（あいうえお順）

・『遊びが学びに欠かせないわけ――自立した学び手を育てる』ピーター・グレイ／吉田新一郎訳、築地書館、2018年
・『イン・ザ・ミドル』ナンシー・アトウェル／小坂敦子ほか訳、三省堂、2018年
・『エンパワーメントの鍵――「組織活力」の秘密に迫る24時間ストーリー』クリスト・ノーデン・パワーズ／吉田新一郎ほか訳、実務教育出版、2000年（絶版）
・『オープニングマインド――子どもの心をひらく授業』ピーター・ジョンストン／吉田新一郎訳、新評論、2019年
・『増補版「考える力」はこうしてつける』ジェニ・ウイルソンほか／吉田新一郎訳、新評論、2018年
・『教育プロがすすめる選択する学び』マイク・エンダーソン／吉田新一郎訳、新評論、2019年
・『効果10倍の教える技術』吉田新一郎、PHP 新書、2006年
・『好奇心のパワー』キャンシー・タバナーほか／吉田新一郎訳、新評論、2017年
・『最高の授業』アレキシス・ウィギンズ／吉田新一郎訳、新評論、2018年
・『作家の時間――「書く」ことが好きになる教え方・学び方【実践編】（増補版）』プロジェクト・ワークショップ編、新評論、2018年
・『宿題をハックする――学校外でも学びを促進する10の方法』スター・サックシュタインほか／高瀬裕人ほか訳、新評論、2019年
・『シンプルな方法で学校は変わる――自分たちに合ったやり方を見つけて学校に変化を起こそう』（『効果10倍の学びの技法』の増補改訂版）吉田新一郎・岩瀬直樹／みくに出版、2019年
・『成績をハックする――評価を学びにいかす10の方法』スター・サ

5. Dean Shareski, "Make It Stop," *The Huffington Post*, September 16, 2015, http://www.huffingtonpost.com/dean-shareski/make-itstop_1_b_8142928.html.

第14章

1. Erica Goldson, "Speech," *America Via Erica* (blog), June 25, 2010, http://americaviaerica.blogspot.com/p/speech.html.

venspired.com/make-school-more/.
10. Alberta Education, "Inquiry Based Learning," Alberta.ca, n.d., http://www.learnalberta.ca/content/kes/pdf/or_ws_tea_inst_02_inqbased.pdf
11. Shareski, "How To Make Better Teachers," *Ideas and Thoughts: Learning Stuff Since 1964* (blog), November 18, 2010, http://ideasandthoughts.org/2010/11/18/how- to-make-better-teachers/.
12. Image used with permission: Alec Couros, "Examining the open movement: Possibilities and implications for education." 2006 Doctoral Dissertation, University of Regina, Regina, SK, Canada. http://www.editlib.org/p/118036/.
13. Edublogs, "Edublogs Teacher Challenges," *Edublogs.org*, accessed September 19, 2015, http://teacherchallenge.edublogs.org.
14. Paulo Coelho, *Veronica Decides to Die* (New York: Harper One, 1988). 『ベロニカは死ぬことにした』パウロ・コエーリョ／江口研一訳、角川書房、2001年、引用は78ページ。

第13章

1. J. Martin Hays, "Dynamics of Organisational Wisdom," *Business Renaissance Quarterly 2*, no. 4 (Winter 2007): 79.
2. Maddisyn (Millgrove School student), "Make Your Mark and Make It Matter," *184 Days of Learning* (blog), September 13, 2012, http://www.psdblogs.ca/184/2012/09/13/day-8-maddisyn-student-millgrove-school/.
3. Peter H. Reynolds, *Ibid.*
4. Robert I. Sutton and Huggy Rao, *Scaling Up Excellence*, (New York: Crown Business, 2014), xiii.

第12章

1. Scott McLeod, "Blah Blah Blah Life Long Learning Blah Blah Blah," *Dangerously Irrelevant* (blog), May 23, 2011, http://dangerouslyirrelevant. org/2011/05/blah-blah-blah-life-long-learning-blah-blah-blah.html.
2. Will Richardson, "More To It," *Will Richardson: Read. Write. Connect. Learn* (blog), May 23, 2013, http://willrichardson.com/post/51144392972/more-to-it.
3. George Couros, "8 Things to Look for in Today's Classroom," *The Principal of Change: Stories of Leading and Learning* (blog), January 8, 2013, http://georgecouros.ca/blog/archives/3586.
4. Kelly Christopherson, "5 Ways To Empower Educators," *Educational Discourse: Learning – A Dialogue with Others* (blog), July 15, 2015, http://kellychristopherson.ca/wp/archives/2379.
5. Simon Sinek, Twitter post, February 28, 2012, 4:20 a.m., https://twitter.com/simonsinek/status/174469085726375936.
6. Jesse McLean, "Innovation Week - Contraint," *Jesse McLean: Opening Doors and Turning on Lights* (blog), September 14, 2014, http://jessepmclean.com/tag/innovation-week/.
7. Chris Wejr, "Creating Time for Teachers to Meet and Tinker With Ideas #RSCON4," *Connected Principals: Sharing. Learning. Leading.* (blog), October 9, 2013, http://connectedprincipals.com/archives/9144.
8. Yong Zhao, World Class Learners: Educating Creative and Entrepreneurial Students (Thousand Oaks, CA: Corwin, 2012), 93.
9. Image used with permission: Krissy Venosdale (@venspired), "Make School More," Venspired.com, February 23, 2014, http://

第11章

1. Lawrence Lessig, "Laws That Choke Creativity,"TED Talk, 18:56, March 2007, http://www.ted.com/talks/larry_lessig_says_the_law_is_strangling_creativity?language=en.
2. Chris Anderson, "How Web Video Powers Global Innovation," TED Talk, 18:53, July 2010, http://www.ted.com/talks/chris_anderson_how_web_video_powers_global_innovation?language=en.
3. Ralph Waldo Emerson, "Circles," in *Emerson: Essays and Lectures* (New York: Literary Classics, 1983).
4. Liz Wiseman with Greg McKeown, *Multipliers: How the Best Leaders Make Everyone Smarter* (New York: HarperCollins, 2010). 『メンバーの才能を開花させる技法』リズ・ワイズマン、グレッグ・マキューン/関美和訳、海と月社、2015年、引用は26ページ。
5. Steven Johnson, *Where Good Ideas Come From: The Natural History of Innovation* (New York: Riverhead Books, 2010).『イノベーションのアイデアを生み出す七つの法則』スティーブン・ジョンソン/松浦俊輔訳、日経BP社、2013年
6. Derek Sivers, "Obvious to You. Amazing to Others,"YouTube video, 1:54, June 28, 2011, https://www.youtube.com/watch?v=xcmI5SSQLmE.
7. Clive Thompson, "Why Even the Worst Bloggers Are Making Us Smarter," WIRED, September 17, 2013, http://www.wired.com/2013/09/how-successful-networks-nurture-good-ideas-2/.
8. Steven Johnson, Where Good Ideas Come From: The Natural History of Innovation (New York: Riverhead Books, 2010). (上記5と同じ)

Relevant," *SmartBlogs*, January 7, 2013, http://smartblogs.com/education/2013/01/07/the-obsolete-technology-director-murray-thomas/http://smartblogs.com/education/2013/01/07/the-obsolete-technology-director-murray-thomas/.

第10章

1. Adam Bryant, "Just Give Him 5 Sentences, Not War And Peace,"*New York Times*, March 20, 2010, http://www.nytimes.com/2010/03/21/business/21corner.html.
2. Barry Schwartz, *The Paradox of Choice* (New York: HarperCollins, 2004), 2. 『なぜ選ぶたびに後悔するのか――オプション過剰時代の賢い選択術』バリー・シュワルツ／瑞穂のりこ訳、武田ランダムハウスジャパン、2012年、引用は13ページ。
3. SimplyBest007, "Creativity Requires Time," YouTube video, 2:06, November 19, 2011, https://www.youtube.com/watch?v=VPbjSnZnWP0.
4. Daniel H. Pink, *Drive* (New York: Riverhead Books, 2009), 71. 『モチベーション3.0』ダニエル・ピンク／大前研一訳、講談社、2010年
5. John Maeda, *The Laws of Simplicity: Design, Technology, Business, Life* (Cambridge, MA: MIT Press, 2006), 89.
6. Yong Zhao, "Global, Creative, and Entrepreneurial: Defining High Quality Education," (keynote presentation, ISTE Convention)YouTube video, 1:15:59, June 26, 2012, https://www.youtube.com/watch?v=mKXeNKsjoMI.
7. Ron Canuel, "Innovation vs. Circulasticity: Why the Status Quo Keeps Bouncing Back," *Canadian Education Association*, November 2013, http://www.cea-ace.ca/education-canada/article/innovation-vs-circulasticity.

2006年

7. Liz Wiseman, Lois N. Allen, and Elise Foster, *The Multiplier Effect: Tapping the Genius Inside Our Schools* (Thousand Oaks, CA: Corwin, 2013), 9.
8. Liz Wiseman with Greg McKeown, *Multipliers :* How the Best Leaders Make Everyone Smarter (New York : HarperCollins, 2010), 31 『メンバーの才能を開花させる技法』リズ・ワイズマン、グレッグ・マキューン／関美和訳、海と月社、2015年、引用は70ページ。

第9章

1. Marshal McLuhan, *The Gutenberg Galaxy: The Making of Typographic Man* (Toronto: University of Toronto Press, 1962).『グーテンベルクの銀河系——活字人間の形成』マーシャル・マクルーハン／森常治訳、みすず書房、1986年、引用は330ページ。
2. Alec Couros, "Bea's Makeup Tutorial," YouTube video, 5:00, March 13, 2015, https://www.youtube.com/watch?v=FfBSvEMob5g.
3. Joseph Joubert, *The Notebooks of Joseph Joubert* (New York: New York Review Books Classics, 2005).『思想は魂とともに——ジュウベェル随想録』ジュウベェル／大塚幸男訳、養徳社、1949年
4. Toby Lever, "'Lachlan's First Hearing Aids Aged 7 Weeks Old. Our Gorgeous Baby Boy," YouTube video, 1:27, August 31, 2014, https://www.youtube.com/watch?v=UUP02yTKWWo.
5. Seymour Papert, "Seymour Papert: Project-Based Learning," *Edutopia*, November 1, 2001, http://www.edutopia.org/seymour-papert-project-based-learning#page.
6. Tom Murray, "10 Steps Technology Directors Can Take to Stay

rheingold/2009/06/30/crap-detection-101/.
3. George Couros, "8 Things to Look for in Today's Classroom," *The Principal of Change: Stories of Leading and Learning* (blog), January 8, 2013, http://georgecouros.ca/blog/archives/3586.
4. Image used with permission: Sylvia Duckworth (@sylviaduckworth), https://www.flickr.com/photos/15664662@N02/.
5. John Scully, *Moonshot! Game-Changing Strategies to Build Billion-Dollar Businesses* (New York: RosettaBooks, 2014).『ムーンショット！』ジョン・スカリー／川添節子訳、パブラボ／星雲社、2016年、引用は311ページ。

第８章

1. Tom Rath, *Wellbeing: The Five Essential Elements* (New York: Gallup Press, 2010).
2. Marilyn vos Savant, "Developing Your Strengths," *Parade*, October 31, 2014.
3. Maryam Shah, "Literacy Rates Up but Students Still Struggling with Math," *Toronto Sun*, August 27, 2014, http://www.torontosun.com/2014/08/27/literacy-rates-up-but-students-still-struggling-with-math.
4. Tom Rath, *Strengths Finder 2.0* (New York: Gallup Press, 2007), iii.『さあ、才能（じぶん）に目覚めよう――ストレングス・ファインダー2.0』トム・ラス／古屋博子訳、日本経済新聞出版社、2017年、引用は６～７ページ。
5. *Ibid.*, iv.　引用は、邦訳の７ページ。
6. Peter F. Drucker, *The Practice of Management* (New York: Harper & Row, 1954).
『現代の経営』P.F. ドラッカー／上田惇生訳、ダイヤモンド社、

3. Stephen M. R. Covey, "Knowledge Workers: 10,000 Times the Productivity," *Stephencovey.com* (blog), April 7, 2008, http://www.stephencovey.com/blog/?p=15.

第6章

1. Seth Godin, "Stop Stealing Dreams," YouTube video, 16:57, October 16, 2012, https://www.youtube.com/watch?v=sXpbONjV1Jc.
2. Images used with permission: Bill Ferriter, @PlugUsIn, http://blog.williamferriter.com.
3. Gary Stager, "Gary Stager: The Best 'Makerspace' Is Between Your Ears," *American School Board Journal* (June 2015): 58.
4. George Couros, "School Vs. Learning," *The Principal of Change: Stories of Leading and Learning* (blog), December 27, 2014, http://georgecouros.ca/blog/archives/4974.
5. Image used with permission: Sylvia Duckworth(@sylviaduckworth), https://www.flickr.com/photos/15664662@N02/.
6. Thomas Friedman, "How to Get a Job at Google," *The New York Times*, February 22, 2014, http://www.nytimes.com/2014/02/23/opinion/sunday/friedman-how-to-get-a-job-at-google.html?_r=0.

第7章

1. Image used with permission: Krissy Venosdale (@venspired), "A Tale of Two Classrooms," *Venspired.com* May 30, 2012, http://venspired.com/a-tale-of-two-classrooms/.
2. Howard Rheingold, "Crap Detection 101," *City Brights: Howard Rheingold* (blog), SFGate, June 30, 2009, http://blog.sfgate.com/

TED Talk, 18:53, July 2010, http://www.ted.com/talks/.chris_anderson_how_web_video_powers_global_innovation#t-187404.

8. Alcenter, "What Is Accelerated Learning?" *Alcenter.com*, accessed July 13, 2015, http://www.alcenter.com/whatisal.html.

第4章

1. Simon Sinek, *Leaders Eat Last: Why Some Teams Pull Together and Others Don't* (New York: Portfolio/Penguin, 2014), 18.
2. Starbucks Newsroom, "Starbucks Named One of the Top 10 Places to Work in Canada," *News.Starbucks.com*, April 10, 2015, https://news.starbucks.com/news/starbucks-named-one-of-the-top-10-placesto-work-in-canada.
3. Stephen M. R. Covey, "How the Best Leaders Build Trust," *Leadershipnow.com*, accessed July 15, 2015, http://www.leadershipnow.com/CoveyOnTrust.html.
4. Atul Gawande, "Spreading Slow Ideas," *The New Yorker*, July 29, 2013, http://www.newyorker.com/magazine/2013/07/29/slow-ideas.

第5章

1. Frank Barrett, "To Innovate, Disrupt Your Routine," *Harvard Business Review video*, 3:09, September 18, 2012, https://hbr.org/2012/09/to-innovate-disrupt-your-routi.html.
2. Grant Wiggins, "A Veteran Teacher Turned Coach Shadows 2 Students for 2 Days—A Sobering Lesson Learned," *Granted, and...-Thoughts on Education by Grant Wiggins* (blog), October 14, 2014, https://grantwiggins.wordpress.com/2014/10/10/a-veteran-teacher-turned-coach-shadows-2-students-for-2-days-a-sobering-lessonlearned/.

6. *Ibid.*
7. Thomas Friedman, "How to Get a Job at Google," *The New York Times*, February 22, 2014, http://www.nytimes.com/2014/02/23/opinion/sunday/friedman-how-to-get-a-job-at-google.html?_r=0.
8. Nadia Goodman, "James Dyson on Using Failure to Drive Success," *Entrepreneur*, November 4, 2012, http://www.entrepreneur.com/article/224855.

第3章

1. Lisa Jones, Twitter post, October 30, 2014, 6:09 a.m., https://twitter.com/lisat_jones/statuses/527809537164988416.
2. George Couros, "8 Characteristics of the 'Innovator's Mindset,'" *The Principal of Change: Stories of Leading and Learning*, September 16, 2014, http://georgecouros.ca/blog/archives/4783.
3. Image used with permission from Sylvia Duckworth, @sylviaduckworth, https://www.flickr.com/photos/15664662@N02/.
4. Ewan McIntosh, "TEDx London – Ewan McIntosh," YouTube video, 8:01, November 18, 2011, https://www.youtube.com/watch?v=JUnhyyw8_kY.
5. Tom Kaneshige, "How 'Liquid Networks' Can Lead to the Next Great Idea," *CIO*, April 29, 2014, http://www.cio.com/article/2376694/innovation/how--liquid-networks--can-lead-to-the-next-great-idea.html.
6. Clive Thompson, "Why Even the Worst Bloggers Are Making Us Smarter." *WIRED*, September 17, 2013, http://www.wired.com/2013/09/how-successful-networks-nurture-good-ideas-2/.
7. Chris Anderson, "How Web Video Powers Global Innovation,"

Transformation," katielmartin.com, June 10, 2015, http://katielmartin. com/2015/06/10/creating-a-culture-of-innovation-vs-a-transformation/.

11. Images used with permission: Bill Ferriter, @PlugUsIn, http://blog.williamferriter.com.
12. George Couros, "What Do You Want Leaders to Do with Technology?", The Principal of Change: Stories of Leading and Learning, February 4, 2015, http://georgecouros.ca/blog/archives/5056.
13. John C. Maxwell, A Leader's Heart: 365-Day Devotional Journal (Nashville, Thomas Nelson, 2003), 54.

第2章

1. Stephen Downes, "A World to Change," *The Huffington Post,* October 18, 2010, http://www.huffingtonpost.com/stephen-downes/aworld-to-change_b_762738.html.
2. *Educating Yorkshire,* BBC, Episode 8, October 24, 2013. http://www.channel4.com/programmes/educating-yorkshire/on-demand.
3. Maggie Brown, "Musharaf Asghar, Star of *Educating Yorkshire,* Gets a Show of His Own," *The Guardian,* August 16, 2014, http://gu.com/p/4vnq7/stw.
4. James Morehead, "Stanford University's Carol Dweck on the Growth Mindset and Education," *OneDublin.org,* June 19, 2012, http://onedublin.org/2012/06/19/stanford-universitys-carol-dweck-on-the-growth-mindset-and-education/.
5. George Couros, "The Innovator's Mindset," *The Principal of Change: Stories of Learning and Leading* (blog), September 11, 2014, http://georgecouros.ca/blog/archives/4728.

Movies Were Rented in The Past," *TheOnion.com* video, 2:07, May 12, 2008, http://www.theonion.com/video/historic-blockbuster-store-offers-glimpse-of-how-m-14233.

3. Marc Graser, "Epic Fail: How Blockbuster Could Have Owned Netflix," *Variety*, November 12, 2013, http://variety.com/2013/biz/news/epic-fail-how-blockbuster-could-have-owned-netflix-1200823443/.
4. Kate Taylor, "3 Ways Starbucks Is Innovating and Why You Should Care," *Entrepreneur*, October 23, 2013, http://www.entrepreneur.com/article/229580.
5. Khushbu Shah, "Starbucks to Improve Its Employees Schedules," *Eater*, August 15, 2014, http://eater.com/archives/2014/08/15/starbucks-to-improve-its-employees-schedules.php.
6. Leslie Patton, "Starbucks to Pick up Tab for Employees' University Degrees," *Financial Post*, June 26, 2014, http://business.financialpost.com/2014/06/16/starbucks-to-pick-up-tab-for-employees-university-degrees/.
7. C. William Pollard, *The Soul of the Firm* (Grand Rapids, MI: Zondervan, 1996), 114.
『企業のすべては人に始まる――サービスマスター・社員の成長に献身する会社』ウィリアム・ポラード／大西央士訳、ダイヤモンド社、2003年、引用は159ページ。
8. Simon Sinek, "How Great Leaders Inspire Action," TED Talk video, 18:04, September 2009, http://www.ted.com/talks/simon_sinek_how_great_leaders_inspire_action?language=en.
9. Carl Bass, "The New Rules of Innovation," YouTube video, 17:33, February 25, 2012, https://www.youtube.com/watch?v=YKV3rhzvaC8.
10. Katie Martin, "Creating a Culture of Innovation Versus

参考文献一覧

まえがき

1. Dan Brown, "An Open Letter To Educators," YouTube video, 6:28, February 22, 2010, https://www.youtube.com/watch?v=-P2PGGeTOA4.
2. Kate Simonds, "I'm Seventeen," TEDx video, 13:39, February 10, 2015, http://tedxtalks.ted.com/video/I-m-Seventeen-%7C-Kate-Simonds-%7C;TEDxBoise.
3. 02, "Be More Dog," YouTube video, 1:10, July 4, 2013, https://www.youtube.com/watch?v=iMzgl0nFj3s.
4. Stephen M. R. Covey, The Speed of Trust: The One Thing That Changes Everything (New York: Free Press, 2006).『スピード・オブ・トラスト――「信頼」がスピードを上げ、コストを下げ、組織の影響力を最大化する』スティーブン・M・R・コヴィー、レベッカ・R・メリル／フランクリン・コヴィー・ジャパン訳、キングベアー出版、2008年
5. Steven Johnson, Where Good Ideas Come From: The Natural History of Innovation (New York: Riverhead Books, 2010).『イノベーションのアイデアを生み出す七つの法則』スティーブン・ジョンソン／松浦俊輔訳、日経BP社、2013年
6. Dave Burgess, Teach Like a PIRATE: Increase Student Engagement, Boost Your Creativity, and Transform Your Life as an Educator (San Diego: Dave Burgess Consulting, 2012).

第1章

1. Seth Godin, *Tribes: We Need You to Lead Us* (New York: Portfolio, 2008), 101.
2. The Onion, "Historic Blockbuster' Store Offers Glimpse of How

訳者紹介

白鳥信義（しらとり・のぶよし）
栃木県内の公立中学校教員を経て、現在は帝京平成大学現代ライフ学部児童学科教員。最大の関心は、「教え方・学び方」に関することです。専門教育は理科ですが、かつて「子ども科学館」に勤務したこともあり、博物館学も研究対象の一つとなっています。

吉田新一郎（よしだ・しんいちろう）
授業改善と学校改善についての最新情報を、25年追いかけ続けています。最初に出したのが2000年の『エンパワーメントの鍵』でした。それ以来、いろいろな本や情報を発信してきましたが、本書ほど多くの教育関係者に読んでほしいと思った本はありません。可能ならブッククラブ（読書会）形式でぜひ読んでください。そのほうがはるかに広く、かつ深く読めますから。
ブッククラブのやり方を含めて、問い合わせは、pro.workshop@gmail.comにお願いします。

教育のプロがすすめるイノベーション
――学校の学びが変わる――

2019年7月15日　初版第1刷発行

訳者　白鳥信義
　　　吉田新一郎

発行者　武市一幸

発行所　株式会社 新評論

〒169-0051
東京都新宿区西早稲田3-16-28
http://www.shinhyoron.co.jp

電話　03(3202)7391
FAX　03(3202)5832
振替・00160-1-113487

落丁・乱丁はお取り替えします。
定価はカバーに表示してあります。

印刷　フォレスト
装丁　山田英春
製本　中永製本所

Printed in Japan
ISBN978-4-7948-1129-5

新評論　好評既刊　あたらしい教育を考える本

マイク・エンダーソン／吉田新一郎 訳

教育のプロがすすめる 選択する学び

教師の指導も、生徒の意欲も向上!

能動的な学び手(アクティブ・ラーナー)を育てるには、「選択肢」が重要かつ効果的！「自分の学びを自分で選ぶ」ことから始まる授業革新。

四六並製　348 頁　2500 円

ISBN978-4-7948-1127-1

ダン・ロススタイン＋ルース・サンタナ／吉田新一郎 訳

たった一つを変えるだけ

クラスも教師も自立する「質問づくり」

質問をすることは、人間がもっている最も重要な知的ツール。大切な質問づくりのスキルが容易に身につけられる方法を紹介！

四六並製　292 頁　2400 円　ISBN978-4-7948-1016-8

S・サックシュタイン＋C・ハミルトン／高瀬裕人・吉田新一郎 訳

宿題をハックする

学校外でも学びを促進する 10 の方法

シュクダイと聞いただけで落ち込む…そんな思い出にさよなら！教師も子どもも笑顔になる宿題で、学びの意味をとりもどそう。

四六並製　304 頁　2400 円　ISBN978-4-7948-1122-6

S・サックシュタイン／高瀬裕人・吉田新一郎 訳

成績をハックする

評価を学びにいかす 10 の方法

成績なんて、百害あって一利なし!?「評価」や「教育」の概念を根底から見直し、「自立した学び手」を育てるための実践ガイド。

四六並製　240 頁　2000 円　ISBN978-4-7948-1095-3

＊表示価格はすべて税抜本体価格です